OSHO

TARÔ DA TRANSFORMAÇÃO

Dados Internacionais de Catalogação na Publicação (CIP)
(Câmara Brasileira do Livro, SP, Brasil)

Osho, 1931-1990
 Osho: tarô da transformação / Osho; tradução Denise de Carvalho Rocha. – 2. ed. São Paulo: Cultrix, 2022.

 Título original: Osho transformation tarot
 ISBN 978-65-5736-189-4

 1. Tarô 2. Vida espiritual I. Título.

22-112918   CDD-133.32424

Índices para catálogo sistemático:
1. Tarô : Artes divinatórias   133.32424
Cibele Maria Dias – Bibliotecária – CRB-8/9427

OSHO

TARÔ DA TRANSFORMAÇÃO

Tradução
Denise de Carvalho Rocha

Editora
Cultrix
SÃO PAULO

Título original: *Osho Transformation Tarot*.

Copyright © 1984, 1999 **OSHO** International Foundation, Suíça, www.osho.com/copyrights.

Copyright da edição brasileira © 2019 Editora Pensamento-Cultrix Ltda.

2ª edição 2022. – Essa edição possui embalagem nova, mas o conteúdo do livro e as cartas se mantêm inalterados.

O material que compõe este livro foi selecionado a partir de várias palestras dadas por Osho a uma plateia ao vivo. Todas as palestras de Osho foram publicadas na íntegra em forma de livro e estão disponíveis em gravações originais. As gravações e os arquivos de textos completos podem ser encontrados na **OSHO** Library, em www.osho.com.

OSHO é uma marca registrada da **OSHO** International Foundation (www.osho.com/trademarks), usada com as devidas permissão e licença.

Ilustrações das cartas de Pujan © **OSHO** International Foundation.

Texto de Osho e da **OSHO** International Foundation.

Capa: **OSHO** Art. Copyright © **OSHO** International Foundation.

Todos os direitos reservados. Nenhuma parte deste livro pode ser reproduzida ou usada de qualquer forma ou por qualquer meio, eletrônico ou mecânico, inclusive fotocópias, gravações ou sistema de armazenamento em banco de dados, sem permissão por escrito exceto nos casos de trechos curtos citados em resenhas críticas ou artigos de revistas.

A Editora Cultrix não se responsabiliza por eventuais mudanças ocorridas nos endereços convencionais ou eletrônicos citados neste livro.

Editor: Adilson Silva Ramachandra
Gerente editorial: Roseli de S. Ferraz
Produção editorial: Indiara Faria Kayo
Editoração eletrônica: Join Bureau
Revisor: Luciana Soares da Silva

Direitos de tradução para o Brasil adquiridos com exclusividade pela EDITORA PENSAMENTO-CULTRIX LTDA que se reserva a propriedade literária desta tradução.
Rua Dr. Mário Vicente, 368 – 04270-000 – São Paulo – SP
Fone: (11) 2066-9000
http://www.editoracultrix.com.br
E-mail: atendimento@editoracultrix.com.br
Foi feito o depósito legal.

SUMÁRIO

INTRODUÇÃO 11

COMO USAR AS CARTAS 13

AS CARTAS 21

1. **Não Mente** 23
   O Supremo e o Inexpressável

2. **Comunhão** 26
   Harmonia Interior e Exterior

3. **Iluminação** 29
   Por que Buda Aguarda nos Portões do Céu

4. **Sinceridade** 33
   A Busca de Bodhidharma por um Discípulo

5. **O Acidente Supremo** 37
   Chiyono e seu Balde de Água

6-7. **A Ganância/Além da Ganância** 40
   Uma Parábola sobre a Ambição e a Pressa

8. **Discipulado** 43
   Os Vários Mestres de Junnaid

9. **O Maior dos Milagres** 50
   Sobre as Tentações dos Poderes Espirituais

10. **Valores** 53
    Sobre as Virtudes da Inutilidade

11. **Reconhecimento** 56
    O Mestre, o Jardineiro e o Hóspede

12. **Questionamento** 60
    O Professor e sua Sede de Respostas

13. **Renúncia ao Conhecimento** 63
    A Visão Assustadora de Naropa

14. **Autenticidade** 67
    Milarepa e o Falso Mestre

15. **Estado de Alerta** 71
    A Morte Repentina do Discípulo de Ekido

16. **Imitação** 74
    O Dedo de Gutei Apontando para o Uno

17. **Uma Xícara de Chá** 77
    As Pálpebras de Bodhidharma e as
    Origens do Chá

18. **Meditação** 80
    De que Lado do Guarda-Chuva Você
    Deixou seus Sapatos?

19. Centrado 84
    O Monge e a Prostituta

20. Ego 88
    A Mulher e a Travessia do Rio

21. Consciência... 91
    Maria Madalena e o Perfume Precioso

22. O Coração Tolo 94
    A Sabedoria Insana de São Francisco de Assis

23. Oração 97
    O Amor e a Lei de Moisés

24. O Mau Uso do Poder 100
    Como Vivekananda Perdeu Seus Poderes

25. Luz no Caminho 103
    O Filósofo, o Místico e o Relâmpago

26. Singularidade.. 106
    Além da Superioridade e da Inferioridade

27. Bênçãos Disfarçadas 109
    As Venturas e Desventuras de um Aldeão

28. Autoaceitação 112
    Amores-perfeitos no Jardim do Rei

29. Gratidão... 116
    Uma Noite sem Abrigo

30. Aquilo que Nunca Morre 119
    A Mãe Inconsolável e as Sementes de Mostarda

31. Desprendimento 122
    Hakuin e o Recém-nascido

32. Além da Família de Sangue 125
    "Ninguém é Minha Mãe ou Meu Pai..."

33. Renovação 128
    A Herança de Buda

34. Raiva 136
    O Monge de Temperamento Indomável

35. O Domínio das Emoções 140
    O Segredo do Anel

36-37. Os Portões do Inferno /
    Os Portões do Céu 147
    O Orgulho do Samurai

38. Transmutação 152
    A Meditação do Coração de Atisha

39. Energia 155
    O Homem com uma Coroa de Dedos

40. Totalidade 162
    "Basta uma Simples Agulha..."

41. Fracasso 165
    O Segredo Revelado do Verdadeiro Sucesso

42. **Preocupação** 168
    A Velha Senhora no Ônibus

43. **Pensamentos Desejosos** 171
    A Parábola da Árvore dos Desejos

44. **Desejo** 174
    A Tigela de Esmolas Mágica

45. **Vivendo Plenamente** 177
    Alexandre, o Grande, Encontra Diógenes

46. **A Busca** 181
    À Procura da Casa de Deus

47. **Esperança** 184
    Perdido na Selva

48. **Desafio** 187
    A Parábola do Fazendeiro e do Trigo

49. **Amor** 190
    O Desafio do Rei aos Três Filhos

50. **Compaixão** 194
    Jesus e os Vendilhões do Templo

51. **Adeus ao Passado** 198
    Deixe que os Mortos Enterrem seus Mortos

52. **Arrependimento** 201
    Quando Shibli Atirou a Rosa

53.	**Brincadeira**	205
	O Desafio de Krishna a Arjuna	
54.	**Foco**	208
	Saraha e a Arqueira	
55.	**Sexo**	212
	O Círculo de Mahamudra	
56.	**Devoção**	216
	A Dança do Templo de Meera	
57.	**Inteligência**	220
	Rabia e o Enigma da Agulha Perdida	
58.	**O Fazer**...	227
	Confie em Alá, mas Amarre seu Camelo Primeiro	
59.	**A Jornada**...	231
	"Mesmo que Mil Vezes Tenha Quebrado seus Votos...."	
60.	**O Riso**	235
	A Última Surpresa do Místico Chinês	

SOBRE OSHO 239

OSHO INTERNATIONAL MEDITATION RESORT. 241

PARA MAIS INFORMAÇÕES.............................. 244

Introdução

> Tremendo é o esplendor de uma pessoa que descobriu tudo o que existe dentro dela, porque, com esse saber, tudo o que é falso desaparece e tudo o que é real é cultivado.
>
> Sem esse saber, nenhuma transformação radical é possível.
>
> Nenhuma religião pode oferecer isso a você, nenhum messias pode oferecer isso a você.
>
> Essa é uma dádiva que você oferece a si mesmo.
> – Osho

As cartas de *OSHO Tarô da Transformação* são instrumentos de autodescoberta. Cada carta aponta o caminho para um acesso à renovação e à mudança que está ao alcance de todos nós, se ao menos nos dispusermos a nos tornar mais conscientes do nosso próprio potencial oculto. Cada parábola contém um *insight* inestimável que nos incita a buscar a verdade dentro de nós mesmos e a cultivá-la com a dádiva que é a nossa própria consciência.

A origem dessas cartas e dos textos que as acompanham encontra-se no fio eterno que une todas as grandes tradições de sabedoria do mundo. Histórias do caminho de êxtase do Sufismo mesclam-se com parábolas cotidianas do Zen; a paixão e o amor de Jesus são complementados pela pureza e pela sabedoria de Buda. E como as verdades dessas grandes tradições estão contidas em histórias e parábolas simples, elas penetram profundamente em nosso coração. Podemos nos lembrar delas com facilidade e vê-las refletidas nos acontecimentos do dia a dia. Quando conhecemos e conseguimos entender os personagens de cada história, podemos ver suas tristezas e alegrias como reflexos das nossas. Lentamente, começamos a desvendar todos os "deverias" e "não deverias" interiores que nos comandaram até agora. E, depois que nos livramos desse fardo, descobrimos o espaço interior aberto que é o solo onde a verdadeira transformação cria raízes e cresce.

OSHO Tarô da Transformação pode ser usado de várias maneiras. Você pode escolher uma carta e ler a história que a acompanha, usando-a como tema de contemplação durante o dia. Ou pode dispor várias cartas em qualquer uma das tiragens simples sugeridas neste livro e, assim, obter *insights* sobre um dilema que está enfrentando em sua vida.

Como Usar as Cartas

> A mudança deve vir do núcleo mais interno, não deve vir da periferia. E toda turbulência está na periferia; lá no fundo não existe nenhuma turbulência. Você é assim como o mar. Observe o mar. Todo tumulto, as ondas se entrechocando, tudo isso está apenas na superfície. Mas, quando você mergulha, quanto mais fundo vai, mais calmo o mar fica. Na parte mais profunda do oceano, não há turbulência, nem uma única onda.
>
> Primeiro vá mais fundo no seu mar interior, até atingir uma calma cristalização. Depois disso você consegue chegar ao ponto em que nenhum distúrbio o agita. Fique aí. Dali vem toda mudança, toda transformação. Quando você estiver ali, vai se tornar um mestre de si mesmo. – Osho

OSHO Tarô da Transformação pode ser uma forma de meditação. Se você está tirando as cartas para si mesmo ou quer realizar uma leitura para outra pessoa, reservar algum tempo para se preparar é essencial. Encontre um espaço tranquilo onde não será incomodado. Assuma uma postura relaxada e aberta enquanto estiver embaralhando as cartas, esvazie a mente de todas as ideias preconcebidas que possa ter sobre a resposta à sua pergunta ou ao seu dilema. Deixe de lado quaisquer preocupações que possam distrair sua atenção da leitura. Quando estiver tranquilo e relaxado, espalhe as cartas em leque e escolha uma ou várias delas.

Ao analisar as cartas que escolheu, lembre-se de que as palavras são apenas indicadores da mensagem maior e do *insight* contidos na história ou na parábola correspondente. Até mesmo palavras aparentemente "negativas" apontam o caminho para um potencial oculto rumo à transformação e a uma compreensão maior. Isso fica mais claro quando são lidas as histórias ilustradas nas cartas.

Por fim, lembre-se da mensagem de Osho: encare com alegria e coração leve todos os aspectos da sua busca, tanto interior quanto exterior. Ele diz: "Viva a vida com alegria, viva a vida com facilidade, viva a vida com descontração, não crie problemas desnecessários. Noventa e nove por cento dos seus problemas são criados por você mesmo, porque leva a vida a sério demais. A seriedade é a origem dos problemas. Seja mais espirituoso... seja mais animado, viva sempre alegre. Viva cada momento como se fosse o último. Viva a vida intensamente! Mesmo que seja apenas por um instante, que ele baste. Um instante de intensa totalidade é suficiente para nos dar o gosto da eternidade".

Aqui estão algumas tiragens simples que podem ser usadas em suas leituras.

1. Meditação do Dia

Escolha apenas uma carta, sem nenhuma pergunta em mente. Leia a história e absorva-a tão profundamente quanto conseguir, de modo que possa mantê-la ao longo do dia. Você pode levar a carta com você como um lembrete. Repare nos acontecimentos que ocorrerem ao longo do dia e que possam estar relacionados à mensagem ou à compreensão oferecida pela carta.

2. Relacionando-se

Esta tiragem pode ser usada para proporcionar uma compreensão maior do seu relacionamento com outra pessoa, seja ela um amigo, um namorado ou um colega de trabalho. Depois de embaralhar as cartas e espalhá-las em forma de leque, escolha um total de quatro cartas.

1. A primeira carta representa você e a sua contribuição para o relacionamento ou as lições que ele tem a lhe ensinar.

2. A segunda representa a outra pessoa e a contribuição dela para o relacionamento.

3. A terceira carta representa a própria dinâmica do relacionamento, a qualidade da interação entre vocês dois.

4. A quarta e última carta representa o *insight* esclarecedor que vai elucidar o relacionamento e que contém a chave do seu potencial mais elevado.

3. Interior e Exterior – A Cruz Simples

Osho fala sobre a cruz como um símbolo das dimensões interior e exterior do ser – a linha horizontal do tempo e dos eventos do mundo exterior e a linha vertical do crescimento, desde os hábitos inconscientes e as suposições até a consciência propriamente dita. Essa tiragem fornece uma leitura "momentânea" de ambas as dimensões e de como elas estão influenciando sua vida agora.

Escolha cinco cartas, como se segue:

1. A primeira carta deve ser colocada no início da linha horizontal e representa acontecimentos recentes e as circunstâncias da sua vida. Pode também representar as influências externas que estão afetando você ou a sua pergunta, das quais você pode não estar totalmente ciente.

2. A segunda carta deve ser colocada no final da linha horizontal e representa ou o rumo que os eventos externos estão tomando ou as influências externas de que você está ciente.

3. A terceira carta deve ser colocada ao pé da cruz e representa as influências ou qualidades interiores das quais você pode não estar ciente – em outras palavras, a semente de transformação que agora está se preparando para criar raízes dentro de você.

4. A quarta carta deve ser colocada no alto da cruz e representa a direção do crescimento da sua percepção interior ou os novos níveis de compreensão que só agora estão começando a se tornar acessíveis a você.

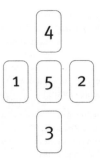

5. A última carta deve ser colocada no centro e representa a chave da integração das dimensões horizontal e vertical da sua vida. Também pode simbolizar o que é mais importante você compreender no momento.

4. Consciência sem Escolha

Esta tiragem é útil quando você tem duas alternativas e quer examinar todos os aspectos de ambas, para conhecer o potencial oculto encerrado em cada uma delas, antes de fazer sua escolha.

OBSERVAÇÃO: A primeira carta que você escolher deve ficar voltada para baixo até que todas as cartas tenham sido escolhidas e analisadas.

1. Escolha uma carta e coloque-a à esquerda, voltada para baixo.

2. Escolha três cartas para representar a "alternativa A" e coloque-as voltadas para cima, como mostra o diagrama.

3. Agora escolha três cartas para representar a "alternativa B" e coloque-as voltadas para cima.

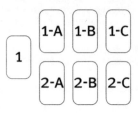

A primeira carta de cada fileira representa os desafios e oportunidades existentes, caso você faça essa escolha. Ela responde à pergunta: "Que novo entendimento ou nova criatividade se tornará acessível se eu fizer essa escolha?". A segunda carta representa as influências emocionais que essa decisão trará – o que acontecerá na esfera dos sentimentos –, e a terceira carta, da manifestação, indica as mudanças mais amplas na sua vida ou a compreensão que essa escolha provavelmente lhe trará.

4. Depois que você tiver analisado as implicações das duas alternativas, vire a primeira carta para ter uma ideia de qual seria a "escolha sem escolhas".

As Cartas

1 NÃO MENTE

O Supremo e o Inexpressável

> O estado de não mente é o estado do divino. Deus não é um pensamento, mas sim a experiência do não pensamento. Não é um conteúdo da mente, é a explosão quando a mente está vazia de qualquer conteúdo. Não é um objeto que você possa ver, é a própria capacidade de ver. Não é o que é visto, mas aquele que vê. Não é como as nuvens que se acumulam no céu, mas o próprio céu quando está sem nuvens. É o céu vazio.
>
> Quando a consciência não enfoca nenhum objeto externo, quando não há nada para ver, nada para pensar, só o vazio a toda volta, a pessoa se volta para si mesma. Não há nenhum lugar aonde ir – ela relaxa na própria fonte do ser, e essa fonte é Deus.
>
> A não mente é o caminho para Deus.

Seu ser interior nada mais é do que o seu céu interior. O céu está vazio, mas é o céu vazio que contém tudo, toda a existência, o sol, a lua, as estrelas, a Terra, os planetas. É o céu vazio que dá espaço para tudo isso. É o céu vazio que está por trás de tudo que existe. As coisas vêm e vão, mas o céu continua o mesmo.

Exatamente da mesma maneira, você tem um céu interior, que também é vazio. As nuvens vêm e vão, os planetas nascem e morrem, as estrelas nascem e se extinguem, e o céu interior continua o mesmo, intocado, imaculado, impoluto. Nós chamamos esse céu interior de *sakshin*, a testemunha – e esse é o objetivo da meditação.

Volte-se para dentro e desfrute o céu interior. Lembre-se, o que quer que você possa ver não é você. Você pode ver seus pensamentos, então você não é seus pensamentos; você pode ver seus sentimentos, então você não é seus sentimentos; você pode ver seus sonhos, desejos, lembranças, fantasias, projeções, então você não é nada disso. Vá eliminando tudo que pode ver. Então, um dia, chega o momento mais extraordinário, mais significativo da sua vida, quando nada mais resta para ser rejeitado. Tudo que é visto desaparece e só permanece aquele que vê. Esse observador é o céu vazio.

Saber disso é não ter o que temer, saber disso o deixa repleto de amor. Saber disso é ser Deus, é ser imortal.

—⁂—

Não há como contaminar o céu, deixar impressões nele, fazer marcas nele. Podemos traçar linhas na água, mas, tão logo elas são traçadas, já desaparecem; no entanto, se linhas são traçadas na pedra, elas permanecem ali por milênios. Só não se pode traçar linhas no céu; portanto, nem se pode falar que elas desaparecem. Peço que entenda a diferença. Não se pode traçar linhas no céu – eu posso mover meu dedo pelo céu, meu dedo passa, mas nenhuma linha é traçada, e a questão do desaparecimento da linha nem vem ao caso.

O dia em que uma pessoa transcende a mente, em que a consciência transcende a mente, ela vivencia isso, pois, como o céu, nenhuma marca ou linha jamais pode ser deixada na alma. Ela é eternamente pura, eternamente iluminada, nenhuma poluição pode maculá-la.

2 COMUNHÃO

Harmonia Interior e Exterior

O ser humano vive como se fosse uma ilha e é daí que vem todo o sofrimento. Faz séculos que o ser humano está tentando viver independentemente da existência – isso não é possível, pela própria natureza das coisas. O homem não pode ser dependente nem independente. A existência é um estado de interdependência: uma coisa depende da outra.

Não existe uma hierarquia, ninguém é inferior ou superior. A existência é uma comunhão, um eterno caso de amor.

Mas a ideia de que o ser humano tem que ser superior, especial, só cria confusão. O ser humano não tem que ser coisa alguma! Ele tem que se dissolver na totalidade das coisas. E, quando vencemos todas as barreiras, a comunhão acontece e essa comunhão é uma bênção. Estar em comunhão com o todo é tudo. Esse é o próprio cerne da religiosidade.

Heráclito diz, *Não seria melhor se as coisas acontecessem aos homens assim como eles desejam. A menos que você espere o inesperado, nunca encontrará a verdade, pois é difícil descobri-la e árduo obtê-la. A natureza adora se esconder. O senhor cujo oráculo está em Delfos nem fala nem oculta; ele envia sinais.*

A existência não tem uma linguagem... e, se você depende de uma linguagem, nunca vai poder se comunicar com a existência. A existência é um mistério, você não pode interpretá-la. Se interpretá-la, ela lhe escapa. A existência só pode ser vivida, não pensada. Ela é mais como a poesia e menos como a filosofia. É um sinal, uma porta. Ela mostra, mas não diz nada. Não há como abordar a existência por meio da mente. Se você pensar a respeito dela, pode viver a vida toda pensando, pensando, sem nunca atingi-la, pois é justamente o pensamento que é a barreira. O pensamento é um mundo particular que pertence a você, por isso você está enclausurado, encapsulado, aprisionado dentro de si mesmo. Deixando de pensar, você deixa de existir; você não está mais aprisionado. Você se abre, se torna poroso, a existência flui para dentro de você e você flui para dentro dela.

Aprenda a ouvir – se está ouvindo, isso significa que está aberto, vulnerável, receptivo, não está pensando. Pensar é uma ação positiva. Ouvir é passivo; você se torna um vale e recebe; você se torna um útero e recebe. Se conseguir ouvir, a natureza vai falar com você, mas não por meio de uma linguagem. A natureza não usa palavras. Então o que a natureza usa? Conforme Heráclito, ela usa sinais. Existe ali uma flor, que sinal ela transmite? Ela não está dizendo nada, mas você pode dizer que ela não está dizendo nada? Ela está dizendo muita coisa, mas não está usando palavras – trata-se de uma mensagem sem palavras.

Para ouvir além das palavras, você tem que abrir mão das palavras, pois só igual pode ouvir igual, só igual pode se relacionar com igual.

Se estiver ao lado de uma flor seja uma flor, não seja uma pessoa. Se estiver ao lado de uma árvore, seja uma árvore, não seja uma pessoa. Se estiver tomando banho de rio, não seja um ser humano, seja um rio. E milhões de sinais lhe serão transmitidos. E não haverá uma comunicação – trata-se de uma comunhão. A natureza falará, falará em milhares de línguas, mas não será uma linguagem.

3 ILUMINAÇÃO

Por que Buda Aguarda nos Portões do Céu

Seja o que for que você faça, faça num estado profundamente alerta; desse modo até as menores coisas se tornarão sagradas. Cozinhar e limpar se tornarão sagrados, se tornarão um culto. A questão não é o que você está fazendo, a questão é como está fazendo. Você pode limpar o chão como um robô, de um jeito mecânico; você tem que limpar, então você limpa. Mas assim você perde algo belíssimo. Limpar o chão poderia ser uma grande experiência, mas você a desperdiçou; o chão está limpo, mas algo que poderia ter acontecido dentro de você não aconteceu. Se estivesse alerta, consciente, não só o chão, mas você mesmo teria passado por uma limpeza profunda.

Limpe o chão repleto de consciência, com a percepção lúcida. Trabalhe, sente-se ou caminhe, mas a coisa tem que ser um fio contínuo: torne mais e mais momentos da sua vida luminosos e conscientes. Deixe que a chama da consciência

> brilhe a todo momento, a cada ato. O efeito cumulativo disso é a iluminação. O efeito cumulativo, todos os momentos juntos, todas as chamas juntas, torna-se uma grande fonte de luz.

De acordo com a história, quando Buda Gautama morreu, ele chegou aos portões do céu. Esses portões raramente se abrem, só muito de vez em quando, uma vez a cada século – não chegam visitantes todos os dias, e sempre que um deles chega todo o céu comemora. Mais uma consciência floresceu e a existência está mais rica do que estava antes.

Os portões estavam abertos e as outras pessoas iluminadas que tinham entrado no céu antes... porque, no Budismo, Deus não existe, mas essas pessoas iluminadas eram divinas – por isso existem tantos deuses quanto pessoas iluminadas –, todas elas estavam aglomeradas nos portões e havia música e dança. Elas queriam dar as boas-vindas a Buda Gautama, mas para seu espanto ele estava parado de costas para os portões. Seu rosto ainda estava voltado para a margem distante de onde ele viera.

As pessoas diziam, "Mas que estranho... Quem você está esperando?".

Dizem que Buda falou, "Meu coração não é tão pequeno assim. Estou esperando por todos aqueles que deixei para trás e que estão pelejando no caminho. Eles são meus companheiros de viagem. Vocês podem deixar os portões fechados, terão que esperar um pouco mais para celebrar minha entrada no céu, pois decidi cruzar esses portões por último. Quando todo mundo já estiver iluminado e tiver cruzado os portões, quando não restar mais ninguém do lado de fora, aí sim vai chegar minha vez de entrar".

Essa história é fictícia, não pode ter acontecido de verdade. Não cabe à pessoa decidir; depois que se tornou iluminada, ela tem que entrar na fonte universal da vida. Não cabe a ela escolher ou decidir. Mas a história conta que ele ainda está tentando, mesmo depois da morte. Essa história se originou do que ele disse que faria no último dia antes de morrer – que ele esperaria por todos nós.

Ele já não podia esperar mais, já tinha esperado tempo demais. Já deveria ter ido embora, mas, ao ver a infelicidade e o sofrimento do ser humano, de algum modo se manteve ali. Mas isso ficará cada vez mais impossível. Ele terá que nos deixar – relutante –, mas esperará por nós na outra margem; não entrará no céu, ele prometeu: "Portanto não se esqueça de que, por vocês, ficarei do lado de fora, esperando por séculos. Mas se apressem, não me decepcionem e não me deixem esperando muito tempo".

4 SINCERIDADE

A Busca de Bodhidharma por um Discípulo

> Só uma coisa é preciso lembrar: seja autêntico, seja sincero consigo mesmo. Declare a sua verdade, custe o que custar. Mesmo que corra risco de vida, arrisque, porque a verdade é muito mais valiosa do que qualquer outra coisa, pois a verdade é a verdadeira vida.

Eu me lembro de Bodhidharma, que introduziu o Zen na China... O imperador tinha ido recebê-lo na fronteira – e, se houvesse outra pessoa no lugar de Bodhidharma, o imperador teria cortado a cabeça dela, pois ela estaria se comportando de um modo muito descortês. O imperador já tinha erigido centenas de templos, encomendado milhares de estátuas de Buda. Milhares de eruditos traduziam continuamente as palavras de Buda, do páli para o chinês, e centenas de milhares de monges budistas eram sustentados pelo imperador. Ele já tinha feito muito pelo Budismo na China. Obviamente, achava que seria muito elogiado, por isso disse, "Fiz todas essas coisas. O que acha? Acha que isso faz de mim um homem virtuoso?".

Bodhidharma disse, "Virtuoso? Seu idiota!" – e ele disso isso na frente de toda a corte, porque o imperador estava acompanhado de toda a corte. O silêncio foi geral. E ele continuou, "Você vai direto para o inferno!".

O imperador não conseguia entender. Ele disse, "Não entendo por que você está com tanta raiva".

Bodhidharma respondeu, "Você está destruindo um mundo vivo e sustentando esses eruditos, que nada têm a contribuir com a consciência das pessoas. E ainda tem coragem de perguntar se está sendo virtuoso? Você vai para o inferno!".

O imperador pensou, "Como me livro da cilada desse homem? Entrei na cova de um leão e agora está muito difícil sair...". O imperador voltou, e Bodhidharma permaneceu nas colinas das fronteiras da China. Sentado num templo, encarando uma parede por nove anos, ele declarou: "Falar com pessoas que não compreendem é o mesmo que falar com uma parede. Mas, ao falar com uma parede, pelo menos se tem o consolo de saber que ela é só uma parede. Só vou virar o rosto quando chegar alguém que seja digno de ouvir a palavra viva".

Nove anos é muito tempo, mas, por fim, uma manhã, um homem chegou. Ele disse, "Ouça, acho que sou a pessoa que você está esperando". Como prova ele decepou uma das mãos com sua espada e atirou-a no colo de Bodhidharma, dizendo, "Vire-se para mim; do contrário decaperei minha cabeça e você será o responsável!".

Bodhidharma se virou no mesmo instante. Ele disse, "Basta! Isso é prova suficiente de que você é tão louco quanto quero. Sente-se. Não há necessidade de decepar a sua cabeça. Vamos precisar dela. Você será meu sucessor".

Um homem que corta a própria mão só para provar que sua busca é sincera... não havia nenhuma dúvida, na cabeça de Bodhidharma, de que o homem realmente se decapitaria caso não se voltasse para ele. Desnecessariamente, ele atrairia para si o fardo de ter sido responsável pela morte de um homem e, além disso, um homem tão belo, tão corajoso! Certamente esse homem era o sucessor de Bodhidharma.

Mas, o que aconteceu entre esses dois, ninguém sabe. Nem uma única palavra foi proferida – Bodhidharma só se voltou para ele, disse para que se sentasse, olhou no fundo dos olhos dele... a neve caía e havia um imenso silêncio ao redor. Nem uma única pergunta foi feita, nem uma única resposta foi dada. Mas alguma coisa deve ter ocorrido, do contrário Bodhidharma não teria escolhido esse homem como seu discípulo.

5
O Acidente Supremo

Chiyono e seu Balde de Água

> Não é uma determinada sequência de causas que leva à iluminação. Sua busca, seu intenso desejo, sua disposição para fazer o que for preciso – tudo isso talvez crie uma certa aura ao seu redor que torne esse grande acidente possível.

A monja Chiyono estudou durante anos, mas não conseguia atingir a iluminação. Uma noite, ela estava carregando um velho balde cheio de água. Enquanto caminhava, viu a lua refletida na água do balde. De repente, as tiras de bambu que seguravam o balde se partiram e o balde caiu. A água se espalhou pelo chão; o reflexo da lua desapareceu – e Chiyono atingiu a iluminação. Ela escreveu estes versos:

De todo jeito, tentei manter o balde inteiro, esperando que o frágil bambu nunca se partisse. De repente o fundo caiu.

A água se foi, a lua na água se foi – só vazio em minhas mãos.

A iluminação é sempre um acidente, pois é imprevisível – você não pode controlá-la, não pode fazê-la acontecer. Mas não me entenda mal, pois, quando digo que a iluminação é um acidente, não estou dizendo para não fazer nada para alcançá-la. O acidente só acontece para aqueles que muito fizeram para alcançá-la. Mas ela nunca acontece por causa do que fizeram. Esse fazer é só uma causa que gera a situação dentro deles, de modo que se tornam propensos a esse acidente, apenas isso. Esse é o significado desse lindo acontecimento.

Há uma coisa que preciso dizer sobre Chiyono. Ela era uma mulher muito bonita – quando jovem, até mesmo o imperador e o príncipe a procuraram. Ela recusou ambos, pois só queria ser amante do divino. Ela passou de mosteiro em mosteiro para se tornar monja, mas até grandes mestres a recusaram. Os monges eram muitos, e ela era tão bela que faria com que se esquecessem de Deus e tudo o mais. Em todos os lugares, as portas se fechavam para ela.

O que Chiyono fez? Sem alternativa, ela queimou o próprio rosto, deixando-o crivado de cicatrizes. Depois foi ver um mestre, que não soube nem mesmo dizer se tratava-se de um homem ou de uma mulher. Assim ela foi aceita como monja. Estudou e meditou continuamente por trinta, quarenta anos. Então, uma noite, estava olhando a lua refletida no balde. De repente o balde caiu, a água escorreu e o reflexo da lua desapareceu – e esse foi o gatilho.

Sempre existe um gatilho que desencadeia o desaparecimento do velho e o início do novo, levando-nos a renascer. Nesse caso o gatilho foi este: subitamente a água escorreu e não havia mais o reflexo da lua. Ela deve ter olhado para o alto – e a lua de verdade estava ali. Nesse instante, ela despertou para esse fato, de que tudo era um reflexo, uma ilusão, pois era visto por meio da mente. Quando o balde se partiu, a mente dentro dela também se partiu. Ela estava pronta. Tudo que podia ser feito já havia sido feito. Tudo que era possível, ela já tinha feito. Nada restava, ela estava preparada, tinha feito por merecer. Esse incidente nada extraordinário tornou-se o gatilho.

De repente o fundo caiu – foi um acidente. *A água se foi, a lua na água se foi – só vazio em minhas mãos.*

Isso é iluminação: quando só o vazio está em suas mãos, quando tudo fica vazio, quando não há mais ninguém, nem mesmo você, você alcançou a face original do Zen.

6-7 A GANÂNCIA/ALÉM DA GANÂNCIA

Uma Parábola sobre a Ambição e a Pressa

> Sempre que as pessoas ficam muito gananciosas, elas se tornam mais apressadas e encontram outros meios de fazer as coisas mais rápido. Estão sempre correndo de um lado para o outro, pois acham que a vida está se esvaindo. São essas as pessoas que dizem: "Tempo é dinheiro". Tempo é dinheiro? O dinheiro é limitado; o tempo é ilimitado. Tempo não é dinheiro, tempo é eternidade – sempre existiu e sempre existirá. E você sempre esteve aqui e sempre estará.
>
> Por isso, esqueça a ganância e não se preocupe com o resultado. Às vezes, por causa da sua impaciência, você perde muitas coisas.

Vou lhe contar uma antiga parábola hindu...

Um grande santo, Narada, estava a caminho do paraíso. Ele costumava viajar entre o paraíso e a terra. Costumava servir como uma espécie de mensageiro entre este e o outro mundo; era uma ponte entre os dois.

Narada encontrou um sábio ancião, muito idoso, sentado sob uma árvore, repetindo seu mantra. Ele repetia esse mantra havia muitos anos, muitas vidas. Narada perguntou a ele: "Você gostaria de perguntar alguma coisa? Gostaria que alguma mensagem fosse entregue ao Senhor?". O velho abriu os olhos e disse, "Apenas uma pergunta: quanto tempo mais tenho que esperar? Quanto tempo? Diga a ele que já é demais. Há muitas vidas estive repetindo esse mantra, por quanto tempo mais tenho que continuar a repeti-lo? Estou cansado disso. Estou farto".

Bem ao lado do velho sábio, debaixo de outra árvore, havia um jovem portando uma *ektara*, um instrumento de uma só corda; ele tocava e dançava. Narada perguntou a ele brincando, "Você também gostaria de perguntar quanto tempo ainda falta para sua iluminação acontecer?". Mas o jovem nem mesmo se incomodou em responder. Ele continuou a dançar. Narada perguntou novamente, "Estou indo falar com o Senhor. Você não tem nada a dizer?". O jovem, porém, apenas sorriu e continuou a dançar.

Quando Narada voltou alguns dias depois, ele disse ao ancião, "Deus disse que você terá que esperar pelo menos mais três vidas". O homem ficou tão furioso que atirou no chão seu rosário de orações. Ele estava prestes a bater em Narada! E disse, "Mas que bobagem! Já esperei muito tempo e tenho sido absolutamente austero, recitado mantras, jejuado, cumprido todos os rituais. Já cumpri todos os requisitos. Três vidas? Isso não é justo!".

O jovem ainda estava dançando sob a árvore, muito alegremente. Narada ficou receoso, ainda assim foi até lá e perguntou, "Embora você não tenha perguntado nada, por curiosidade, eu indaguei. Quando o Senhor disse que esse velho homem teria que aguardar mais três vidas, perguntei sobre o jovem que dançava ao lado dele, dançando e tocando a *ektara*. E ele disse, 'Este jovem terá que esperar tantas vidas quanto forem as folhas da árvore sob a qual está dançando'."

E o jovem passou a dançar ainda mais rápido e disse, "Tantas folhas quanto houver nesta árvore? Então não está muito longe, praticamente já cheguei! Pense em quantas árvores existem neste mundo inteiro e compare! Portanto, está bem perto. Obrigado, senhor, por ter perguntado". Ele continuou a dançar. E a história conta que o jovem imediatamente tornou-se iluminado, naquele mesmo instante.

8 DISCIPULADO

Os Vários Mestres de Junnaid

> Não há situação que não contenha uma lição, nenhuma situação mesmo. Todas as situações têm um potencial, mas você precisa descobrir qual é; ele pode não ser aparente na superfície. Você precisará estar atento, tem de examinar todos os aspectos da situação.

Um dos grandes mestres sufi, Junnaid, foi indagado quando estava morrendo. Seu discípulo mais próximo até ele e perguntou: "Mestre, você está nos deixando. Uma questão está sempre na nossa mente, mas nunca tivemos coragem de lhe perguntar. Quem foi seu Mestre? Essa tem sido uma grande curiosidade entre seus discípulos, pois nunca ouvimos você falar do seu Mestre". Junnaid abriu os olhos e disse, "É difícil para mim responder porque aprendi com quase todos. Toda a existência foi meu mestre. Aprendi com cada pequeno acontecimento da minha vida. E sou grato a tudo que aconteceu, pois devido a todo esse aprendizado eu me tornei quem sou".

Junnaid continuou, "Apenas para satisfazer sua curiosidade lhe darei três exemplos. Primeiro, eu estava com muita sede e caminhava em direção ao rio, levando minha tigela de esmolas, a única posse que tinha. Quando cheguei ao rio, um cachorro passou correndo, pulou dentro do rio e começou a beber água.

Observei o cachorro por alguns instantes e então joguei fora minha tigela de esmolas, porque ela não servia para nada. Um cão podia viver sem isso. Também pulei no rio, bebi tanta água quanto quis. Todo meu corpo se refrescou, porque mergulhei no rio. Fiquei sentado dentro do rio por alguns instantes, agradeci ao cachorro e toquei nos pés dele com profunda reverência, pois ele havia me ensinado uma lição. Eu tinha abandonado tudo, todas as minhas posses, mas ainda estava apegado à minha tigela de esmolas. Era uma bonita tigela, belamente esculpida, e eu sempre estava preocupado com a possibilidade de alguém roubá-la. Mesmo à noite, costumava colocá-la sob a cabeça, como um travesseiro, assim ninguém podia tirá-la de mim. Esse foi meu último apego, e o cachorro ajudou.

Era tão claro: se um cão pode viver sem uma tigela de esmolas e eu sou um homem, porque não posso fazer o mesmo? Esse cão foi um de meus mestres". Segundo, ele disse, "eu me perdi numa floresta e, quando finalmente cheguei no vilarejo mais próximo que pude encontrar, já era meia-noite. Todos dormiam profundamente. Perambulei por toda a cidade para ver se conseguia encontrar alguém acordado que me desse abrigo para passar a noite, até que finalmente encontrei um homem. Perguntei a ele, 'Parece que eu e você somos os únicos que estamos acordados nesta cidade. Você pode me dar abrigo esta noite?'.

"O homem disse. 'Posso ver pelos seus trajes que você é um monge sufi..."

A palavra "sufi" vem de *suf*, que significa lã, túnica de lã. Os sufis usam túnicas de lã há séculos; portanto, foram chamados sufis por causa das suas vestimentas. "O homem disse, 'Posso ver que você é um sufi e me sinto um pouco constrangido em levá-lo para minha casa. Gostaria de lhe dar abrigo, mas antes preciso lhe dizer quem eu sou. Sou um ladrão – você gostaria de ser hóspede de um ladrão?'".

Por um instante, Junnaid hesitou. O ladrão disse, "Olhe, foi melhor que eu tenha lhe contado a verdade. Você me parece hesitante. O ladrão está disposto a lhe dar abrigo, mas o místico parece hesitante em entrar na casa de um ladrão, como se o místico fosse mais fraco que o ladrão. Na verdade, eu deveria estar com medo de você – você pode me transformar, você pode mudar toda minha vida! Convidar você significa perigo, mas não estou assustado. Você é bem-vindo. Venha para minha casa. Coma, beba, durma e fique quanto tempo quiser, pois vivo sozinho e o que ganho é suficiente. Eu posso sustentar duas pessoas. E seria bom conversar com você sobre grandes coisas. Mas você parece hesitar.

E Junnaid deu-se conta de que era verdade. Ele pediu para que o homem o perdoasse. Tocou os pés do ladrão e disse, "Sim, meu enraizamento no meu próprio ser ainda é muito fraco. Você realmente é um homem forte e eu gostaria de ficar na sua casa. E gostaria de ficar por algum tempo, não só por essa noite. Também quero aprender a ser mais forte".

O ladrão disse: "Então venha!". Ele alimentou o sufi, deu-lhe algo para beber, ajudou-o a se preparar para dormir e depois falou: "Agora tenho que ir. Tenho que cuidar dos meus negócios. Voltarei de manhã cedo".

De manhã cedo, o ladrão retornou. Junnaid perguntou, "Você foi bem-sucedido?" O ladrão respondeu: "Não, hoje não, mas amanhã é outro dia".

E isso aconteceu várias e várias vezes, durante trinta dias: toda noite o ladrão saía e toda manhã voltava de mãos vazias. Mas nunca estava triste, nunca ficava frustrado – não havia sinal de fracasso em seu rosto, ele estava sempre feliz – e dizia: "Não importa. Eu fiz o melhor que pude. Não consegui achar nada de valor hoje, mas amanhã vou tentar de novo e, se Deus quiser, amanhã pode acontecer o que não aconteceu hoje".

Depois de um mês, Junnaid foi embora e, durante anos, ele tentou realizar o ato supremo, porém sempre fracassava. Mas, toda vez que decidia desistir de todo o projeto, lembrava-se do ladrão, seu rosto sorridente, dizendo "Se Deus quiser, o que não aconteceu hoje pode acontecer amanhã".

Junnaid disse ao discípulo, "Eu me lembro do ladrão como um dos meus maiores mestres. Não fosse ele, eu não seria o que sou".

E o terceiro acontecimento, ele disse, "foi quando eu estava chegando a um pequeno vilarejo. Um menino estava carregando uma vela acesa, obviamente indo ao pequeno templo da cidade para lá deixar a vela acesa durante a noite".

E Junnaid perguntou: "Você pode me dizer de onde vem a luz? Você mesmo acendeu a vela então deve ter visto. Qual a fonte da luz?".

O garoto riu e disse, "Espere!". E ele apagou a vela com um sopro na frente de Junnaid. E falou: "Você viu a luz se apagar. Você pode me dizer para onde ela foi? Se me disser para onde foi eu lhe direi de onde veio, porque ela foi para o mesmo lugar. Retornou à fonte".

E Junnaid completou: "Encontrei grandes filósofos, mas nunca ninguém tinha feito uma declaração tão bonita: 'Ela retornou à sua própria fonte'. Tudo por fim retorna à própria fonte em algum momento. Além disso, a criança me deixou consciente da minha própria ignorância. Estava tentando brincar com a criança, mas foi ela quem brincou comigo. Me mostrou que fazer perguntas tolas – 'De onde vem a luz?' – não é inteligente. Ela vem de lugar nenhum, do nada – e retorna para lugar algum, para o nada".

Junnaid continuou, "Eu toquei nos pés da criança. Ela ficou perplexa. Perguntou, 'Por que você está tocando meus pés?'. E eu respondi: 'Você é meu mestre. Você me ensinou algo. Você me deu uma grande lição, um grande *insight*.'"

Desde então, Junnaid disse, "Tenho meditado sobre o nada e, aos poucos, bem lentamente, fui penetrando no nada. E agora chega o momento final em que a vela se apaga, a chama se apaga. E sei para onde estou indo – para a mesma fonte".

"Eu me lembro dessa criança com profunda gratidão. Ainda posso vê-la diante de mim, soprando a vela."

9

O Maior dos Milagres

Sobre as Tentações dos Poderes Espirituais

> Fazer um milagre é um grande feito, mas não é grande o suficiente. Fazer um milagre é ainda permanecer no mundo do ego. A verdadeira grandeza é tão comum que nada reivindica; é tão comum que nunca tenta provar coisa alguma.

Um homem veio até Lin Chi e disse, "Meu mestre é um grande médium. O que você tem a dizer do seu mestre? O que ele pode fazer, quais milagres faz?".

Lin Chi perguntou "Que tipo de milagres seu mestre tem feito?".

O discípulo disse, "Um dia, ele me falou para ir para a outra margem do rio, segurando um pedaço de papel na mão. O rio era muito largo, tinha mais de dois quilômetros de uma margem a outra. Ele estava na outra margem e, dali, começou a escrever com uma pena, e sua escrita apareceu no meu papel. Eu mesmo presenciei isso, sou testemunha disso! O que seu mestre é capaz de fazer?". Lin Chi disse, "Quando ele está com fome, come, e, quando sente sono, ele vai dormir".

O homem perguntou, "Do que você está falando? Você chama isso de milagre? Todo mundo faz isso!". Lin Chi respondeu, "Ninguém faz isso. Quando você dorme, faz mil e uma coisas. Quando você come, pensa em mil e uma coisas. Quando meu mestre dorme, ele apenas dorme; não se mexe, não se vira, sequer sonha. Somente o sono existe naquele momento, nada mais. E, quando sente fome, ele come. Ele está sempre exatamente no lugar onde está".

Qual o sentido de escrever de uma margem do rio para a outra? Isso é pura tolice. Só pessoas tolas se interessariam por isso. Qual o sentido?

Alguém procurou Ramakrishna e disse, "Meu mestre é um grande homem. Ele pode andar sobre as águas". Ramakrishna falou, "Que tolice! Pois eu posso simplesmente ir até o barqueiro e, por apenas duas moedas, ele me leva para o outro lado. Seu Mestre é um tolo. Vá e faça-o perceber que ele não deve desperdiçar a vida dele com coisas tão simples".

Mas a mente está sempre desejando algo. A mente não é nada além disso, um desejo constante de que alguma coisa aconteça. Às vezes está pensando em dinheiro, em ter mais dinheiro, em ter uma casa maior, mais respeito, mais poder político. Depois você se volta para a espiritualidade, mas a mente permanece a mesma. Agora quer ter mais poderes psíquicos – telepatia, clarividência e outras besteiras do gênero. Mas a mente permanece a mesma, querendo mais, sempre mais. O mesmo jogo continua.

Agora é telepatia, clarividência, poderes psíquicos: "Se você pode fazer isso, posso fazer mais do que isso. Posso ler os pensamentos das pessoas a milhares de quilômetros de distância".

A vida em si já é um milagre, mas o ego não está preparado para aceitar isso. Ela quer algo especial, algo que ninguém mais esteja fazendo, algo extraordinário.

10 VALORES

Sobre as Virtudes da Inutilidade

> Não se preocupe muito com as coisas utilitárias. Em vez disso, lembre-se sempre de que você não está vivendo para se tornar uma mercadoria. Não está aqui, na vida, para se tornar uma utilidade, pois isso seria indigno. Você não está aqui apenas para se tornar cada vez mais eficiente; você está aqui para se tornar cada vez mais vivo. Está aqui para ficar cada vez mais inteligente. Está aqui para ficar cada vez mais feliz, feliz até o êxtase.

Lao-Tsé estava viajando com seus discípulos e chegaram a uma floresta onde centenas de carpinteiros estavam cortando árvores, pois um grande palácio estava sendo construído. Quase toda a floresta já havia sido cortada, mas havia uma árvore ainda de pé, uma grande árvore com milhares de galhos – tão grande que dez mil pessoas poderiam se sentar à sua sombra. Lao-Tsé pediu a seus discípulos que fossem perguntar por que aquela árvore ainda não tinha sido cortada, se toda a floresta havia sido cortada e estava deserta.

Os discípulos foram perguntar aos carpinteiros, "Por que vocês não cortaram esta árvore?".

Os carpinteiros disseram, "Esta árvore é absolutamente inútil. Ela não pode ser usada para nada, porque os galhos são cheios de nós. São todos tortos. Não dá para fazer colunas ou pilares com a madeira dela, e ela também não serve para fazer móveis. Não se pode usá-la como lenha, pois a fumaça faz muito mal aos olhos. Por isso essa árvore é absolutamente inútil. Eis a razão".

Quando os discípulos voltaram e contaram isso a Lao-Tsé, ele riu e disse, "Se quiserem sobreviver neste mundo, sejam como essa árvore: completamente inúteis. Assim ninguém vai querer prejudicar vocês. Se forem retos, serão cortados, vão virar mobília na casa de alguém. Se forem belos, serão vendidos no mercado e se tornarão mercadorias. Sejam como esta árvore. Assim ninguém vai lhes fazer mal. E vocês poderão crescer, tornando-se grandes e vastos, e milhares de pessoas poderão encontrar sombra embaixo de vocês".

Lao-Tsé tem uma lógica completamente diferente da que existe na sua cabeça. Ele diz, Seja o último. Ande por este mundo como se não existisse. Permaneça anônimo. Não tente ser o primeiro, não seja competitivo, não tente provar seu valor. Não há nenhuma necessidade disso. Permaneça inútil e aproveite a vida.

Claro que ele não está sendo nada prático. Mas, se você compreendê-lo, descobrirá que ele está sendo prático num nível mais profundo, porque a vida é feita para ser vivida e celebrada, a vida não foi feita para que você se torne uma utilidade. A vida é mais como poesia do que como um produto no mercado; deve ser como a poesia, a música, a dança.

Lao-Tsé diz, se você tentar ser muito esperto, se tentar ser muito útil, você será usado. Se tentar ser muito prático, em algum momento vão lhe colocar um cabresto, pois o mundo não pode deixar aqueles que são práticos em paz. Lao-Tsé diz, abandone todas essas ideias. Se você quiser ser um poema, um êxtase, então esqueça a utilidade. Continue sendo verdadeiro consigo mesmo.

11 RECONHECIMENTO

O Mestre, o Jardineiro e o Hóspede

> O maior anseio da mente é ser extraordinária. O ego tem sede e fome de que reconheçam que você é alguém. Alguém que realizará esse sonho por meio da riqueza, ou alguém que realizará esse sonho por meio do poder, ou da política. Pode ser alguém que realize esse sonho por meio de milagres, de truques, não importa, pois o sonho continua sendo o mesmo: "É insuportável não ser ninguém".
>
> E esse é o milagre, quando você aceita sua nulidade, quando você se torna tão comum quanto todos os outros, quando você não espera mais nenhum reconhecimento, quando consegue existir como se não existisse. Estar ausente é o milagre.

Essa história é linda, uma das mais belas do Zen. E Bankei é um dos mestres supremos. Mas também era um homem comum. Certo dia, Bankei estava cuidando do seu jardim. Um homem apareceu, alguém que buscava um mestre, e perguntou a Bankei, "Jardineiro, onde está o mestre?".

Bankei sorriu e disse, "Espere. Passe por essa porta e lá dentro você encontrará o Mestre". Então o homem contornou o jardim e entrou. Encontrou Bankei sentado num trono, o mesmo homem que tinha visto cuidando do jardim. O homem perguntou, "Você está de brincadeira? Desça desse trono. Isso é sacrilégio! Você não tem respeito pelo mestre?".

Bankei desceu, sentou-se no chão e disse, "Assim você dificulta as coisas. Agora você não vai mais encontrar o mestre aqui, pois eu sou o mestre".

Era difícil para esse homem entender que um grande mestre podia cuidar do jardim, podia ser uma pessoa comum. Ele foi embora, pois não conseguiu acreditar que aquele homem era o mestre; ele não entendeu.

Todos temem não ser ninguém. Somente pessoas raras e extraordinárias não temem ser ninguém – um Gautama Buddha, um Bankei. Uma pessoa que não é ninguém não é um fenômeno comum; é uma das grandes experiências da vida – o fato de você ser, mas ainda assim não ser. De que você é pura existência sem nome, sem endereço, sem fronteiras. Nem pecador nem santo, nem inferior nem superior, apenas silêncio.

As pessoas têm medo disso porque toda a personalidade delas terá então desaparecido; nome, fama, reputação, tudo se vai; daí o medo. Mas a morte vai tirar tudo isso de você, de qualquer forma. Os sábios permitem que essas coisas caiam por terra naturalmente. Assim nada resta para a morte levar. Depois dela, todos os medos desaparecem, pois a morte não pode levá-lo; já que tudo já terá sido levado. A morte não pode matar quem não é ninguém.

Depois que você sente essa anulação do ser, você se torna imortal. A experiência de anular o seu ser, de ser ninguém, é o sentido exato do nirvana, do nada, do silêncio absoluto e imperturbável, sem ego, sem personalidade, sem nenhuma hipocrisia. Apenas silêncio – e a sinfonia dos insetos no meio da noite.

Você está aqui de certa forma e, ainda assim, não está.

Você está aqui devido à velha associação com o corpo, mas olhe para dentro e verá que não está. E esse *insight*, essa percepção, em que há puro silêncio e pura existencialidade, é a sua realidade, que a morte não pode destruir. Essa é a sua eternidade, a sua imortalidade.

Não há nada a temer. Não há nada a perder. E, se você acha que perdeu algo – nome, reputação, fama –, saiba que eles não têm valor. São brinquedos de criança, não servem para pessoas maduras. É hora de você amadurecer, hora de você apenas ser.

Seu "ser alguém" é muito pequeno. Quanto mais você é "alguém", menor você é; quanto mais você é "ninguém", maior você é. Seja absolutamente ninguém, e você estará em comunhão com a própria existência.

12 QUESTIONAMENTO

O Professor e sua Sede de Respostas

> Aquele que muito pergunta se perde na selva da filosofia. Deixe que as perguntas venham e passem. Olhe para a infinidade de perguntas assim como você olha as pessoas andando na rua – nada a lhes dar, nada a lhes pedir –, com desapego, mantendo-se distante. Quanto mais distância houver entre você e suas perguntas, melhor. Pois é nesse espaço que a resposta vai surgir.

Um professor de filosofia procurou um mestre zen, Nan-in, e perguntou a respeito de Deus, do nirvana, da meditação e de muitas outras coisas. O mestre ouviu em silêncio – perguntas e mais perguntas – e então disse, "Você parece cansado. Subiu esta montanha tão alta; veio de um lugar tão distante. Deixe-me primeiro lhe servir um chá". E o mestre zen fez o chá. O professor esperou – a mente dele fervilhando, cheia de perguntas. E, enquanto o mestre fazia o chá, o samovar cantando e o aroma do chá começando a se espalhar, o mestre disse ao professor, "Espere, não tenha tanta pressa. Quem sabe? Talvez, ao tomar o chá, suas perguntas sejam respondidas, ou mesmo antes disso".

O professor ficou desconcertado. E começou a pensar, "Toda essa viagem foi um desperdício. Esse homem parece maluco. Como posso, tomando chá, ter minhas perguntas sobre Deus respondidas? Que relevância isso tem? É melhor dar o fora daqui o mais rápido possível". Mas, como ele estava se sentindo cansado, decidiu esperar e tomar uma xícara de chá antes de começar a descer novamente a montanha.

O mestre trouxe a chaleira, começou a despejar o chá na xícara – e continuou despejando, não parou. A xícara ficou cheia e o chá começou a transbordar sobre o pires, mas ele não parou. Depois o pires também ficou cheio. Mais uma gota e o chá começaria a escorrer pelo chão, então o professor falou, "Pare! O que você está fazendo? Ficou maluco? Não vê que a xícara está cheia? Não vê que o pires está transbordando?".

E o mestre zen respondeu, "É exatamente nessa situação que você está: sua mente está tão cheia de perguntas que, mesmo que eu as responda, não haverá espaço para a resposta penetrar. Mas você me parece ser um homem inteligente. Foi capaz de perceber que agora uma única gota de chá a mais bastará para entornar o chá no chão. Então eu lhe digo, desde que você entrou nesta casa, suas perguntas estão transbordando pelo chão, por todos os lados. Este lugar pequeno está transbordando com suas perguntas! Vá embora, esvazie sua xícara e depois venha. Primeiro abra um pouco de espaço dentro de si mesmo".

13 Renúncia ao Conhecimento

A Visão Assustadora de Naropa

> A verdade é sua própria experiência, sua própria visão. Mesmo que eu tivesse visto a verdade e a contasse a você, na hora que eu a contasse, ela iria se tornar uma mentira para você, não uma verdade. Para mim era uma verdade, para mim ela vinha pelos olhos. É minha visão. Mas não será sua visão, será uma coisa emprestada. Será uma crença, será conhecimento, mas não saber. Virá por meio do ouvido. E, se você acreditar nisso, estará acreditando numa mentira. Agora, lembre-se. Até mesmo uma verdade torna-se uma mentira se entrar em você pela porta errada. A verdade tem que entrar pela porta principal, pelos olhos.
>
> A verdade é uma visão. A pessoa precisa vê-la com seus próprios olhos.

Naropa era um grande erudito, um grande sábio, tinha dez mil discípulos. Um dia estava sentado, tendo à volta de si milhares de escrituras – antigas, muito antigas e raras. De repente, ele caiu no sono, devia estar cansado, e teve uma visão.

Ele viu uma mulher muito velha, feia, horrível – uma bruxa. A feiura dela era tal que ele começou a tremer no sonho. Era tão nauseante que ele queria fugir – mas fugir para onde, para onde ir? Ele se sentia preso, como se estivesse hipnotizado pela velha bruxa. Os olhos dela eram como dois ímãs.

"O que você está estudando?", perguntou a velha. Ele disse, "Filosofia, religião, epistemologia, linguagem, gramática, lógica". A velha fez nova pergunta, "Você entende tudo isso?".

Naropa disse, "É claro... Sim, eu entendo".

A mulher voltou a perguntar, "Mas você compreende as palavras ou o sentido?".

Milhares de perguntas tinham sido feitas a Naropa ao longo da vida – milhares de alunos sempre perguntando, inquirindo. Mas ninguém nunca havia perguntado isso: se ele entendia as palavras ou o sentido. E os olhos da mulher eram tão penetrantes que era impossível mentir para ela. Para qualquer outro ele teria dito, "É claro que compreendo o sentido," mas, para essa mulher, essa mulher de aparência horrenda, ele tinha que dizer a verdade. Ele disse, "Eu entendo as palavras".

A mulher ficou muito feliz. Começou a dançar e a rir, e a feiura dela foi transformada; uma beleza sutil começou a surgir nela. Pensando "Eu a fiz tão feliz... Por que não a fazer ainda mais feliz?" Naropa então disse, "E, sim, eu também entendo o sentido".

A mulher parou de rir, parou de dançar. Ela começou a chorar e a se lamentar e toda sua feiura voltou, mil vezes pior. Naropa perguntou: "Por que você está chorando e lamentando-se? E por que antes estava rindo e dançando?".

Ela respondeu, "Eu fiquei feliz porque um grande erudito como você não tinha mentido. Mas agora estou chorando e me lamentando porque você mentiu para mim. Eu sei – e você sabe – que você não compreende o sentido".

A visão desapareceu, e Naropa havia sido transformado. Ele fugiu da universidade e nunca mais tocou numa escritura novamente. Tornou-se completamente ignorante, pois compreendeu que a mulher não era ninguém de fora, era somente uma projeção. Era o próprio ser de Naropa, que, por meio do conhecimento, havia se tornado medonho. Bastou esse pequeno entendimento, o de que não compreendia o sentido, para que a feiura se transformasse em algo belo.

A visão de Naropa é muito significativa. A menos que você sinta que o conhecimento é inútil, você nunca estará em busca da sabedoria. Você irá carregar a moeda falsa, pensando tratar-se de um tesouro verdadeiro. Você precisa perceber que o conhecimento é uma moeda falsa, pois não é saber, não é entendimento. No máximo, o conhecimento é algo intelectual: a palavra foi entendida, mas o sentido se perdeu.

14 AUTENTICIDADE

Milarepa e o Falso Mestre

A coisa real não é um caminho. A coisa real é a autenticidade do buscador. Deixe-me enfatizar isso. Você pode percorrer qualquer caminho. Se você for sincero e autêntico, atingirá seu objetivo. Alguns caminhos podem ser difíceis, alguns podem ser mais fáceis, alguns podem ter uma vegetação verdejante de ambos os lados, outros podem passar por desertos ou ter um belo cenário ao redor deles, enquanto em outros não haverá cenário algum; mas, se você for sincero, honesto, autêntico e verdadeiro, todo caminho o levará ao seu objetivo.

Portanto é possível reduzir tudo a uma única coisa: a autenticidade é o caminho. Não importa qual o caminho escolhido, se você for autêntico, todos eles conduzirão ao objetivo.

E o contrário também é verdade: não importa o caminho que você siga, se não for autêntico, não

> chegará a lugar nenhum. Sua autenticidade lhe traz de volta ao lar, nada mais. Todos os caminhos são simplesmente secundários. O básico é ser autêntico, verdadeiro.

Conta-se sobre um grande místico, Milarepa: quando foi encontrar seu mestre no Tibete, ele era tão humilde, tão puro, tão autêntico, que os outros discípulos ficaram com inveja dele. Com certeza ele seria o sucessor. E é claro que havia política envolvida, assim eles tentaram matá-lo.

Um dia disseram a ele: "Se você realmente acredita no mestre, saltaria desta montanha? Se você realmente acredita, se tem confiança, então nada, nenhum mal, vai lhe acontecer". E Milarepa saltou, sem hesitar por um instante sequer. Os discípulos correram montanha baixo, pois se tratava de uma queda de quase mil metros. Eles desceram esperando encontrar o corpo dele destroçado, mas encontraram Milarepa sentado numa postura de lótus, muito feliz, imensamente feliz. Ele abriu os olhos e disse, "Vocês têm razão, a confiança protege".

Os discípulos supuseram que deveria se tratar de alguma coincidência, pois, numa outra ocasião, quando uma casa estava pegando fogo, eles disseram a Milarepa: "Se você ama seu mestre e confia nele, pode entrar lá". Ele entrou correndo para salvar uma mulher e o filho dela, que estavam lá dentro. O fogo era tamanho que os outros discípulos acharam que ele ia morrer – mas, quando Milarepa saiu com a mulher e a criança, não havia sequer uma queimadura em seu corpo. E ele ficou ainda mais radiante, pois a confiança protege.

Outro dia, eles estavam indo a algum lugar e precisavam atravessar um rio, então disseram a Milarepa, "Você não precisa atravessar de barco. Você tem uma confiança tão grande que pode andar sobre o rio" – e ele andou.

Essa foi a primeira vez que o mestre o viu fazendo essas coisas. Ele não sabia que tinham sugerido a Milarepa que saltasse da montanha ou entrasse na casa em chamas. Mas dessa vez ele estava ali na outra margem e viu Milarepa caminhando sobre as águas e disse, "O que está fazendo? Isso é impossível!".

E Milarepa respondeu, "Não, não é impossível, não! Estou fazendo isto graças ao seu poder, senhor".

Então o mestre pensou, "Se o meu nome e o meu poder podem fazer isso a esse homem estúpido e ignorante... E eu mesmo nunca tentei..." Pensando assim, ele tentou fazer o mesmo. E se afogou. Nunca mais se ouviu falar nele depois desse dia.

15   Estado de Alerta

A Morte Repentina do Discípulo de Ekido

> Fique alerta. Viva cada momento como se fosse o último. E existe toda possibilidade de que esse seja mesmo o último! Portanto, aproveite-o ao máximo. Esprema totalmente o sumo desse momento. Nessa totalidade, você estará alerta.

O mestre japonês Ekido era um professor rigoroso, e seus pupilos o temiam.

Um dia, enquanto tocava o gongo do templo para anunciar a hora do almoço, um deles perdeu uma batida porque estava olhando uma bela garota que passava pelos portões.

Sem que o aluno soubesse, Ekido estava de pé atrás dele e golpeou o aluno com seu cajado. O susto foi tamanho que o coração do aluno parou e ele morreu.

O antigo costume em que o discípulo sinalizava, para o mestre, que o fim da sua vida estava próximo tinha se tornado mera formalidade, por isso Ekido ficou desacreditado aos olhos do público em geral. Mas, depois do acidente, esse mestre teve dez sucessores iluminados, um número raramente alcançado.

Ao ler essa história, você pode pensar que o mestre matou o discípulo. A coisa não é bem assim. O discípulo ia morrer de qualquer maneira, já tinha chegado a sua hora. O mestre sabia disso, ele simplesmente usou o momento da morte para a iluminação do discípulo. Isso não é dito na história, mas foi o que ocorreu; senão por que estaria o mestre atrás dele? Não teria ele nada mais importante para fazer? Naquele momento, porém, não havia nada que fosse mais significativo, pois esse discípulo iria morrer, e sua morte tinha que ser bem aproveitada.

Essa história é bela e cheia de significado. O discípulo viu uma garota bonita passando e perdeu toda a sua consciência. Todo seu ser ficou cheio de desejo – ele queria seguir essa moça, possuí-la. Estava alerta apenas um segundo antes, mas naquele instante não estava mais.

Quando batia no gongo, estava completamente alerta. Isso faz parte da meditação num mosteiro zen – o que quer que você esteja fazendo, faça com consciência plena. O que quer que você faça, esteja presente nesse ato como uma luz, e tudo será revelado. Então esse discípulo, na hora da sua morte, estaria alerta e consciente, mas a mente interveio e deu a cartada final, seu último recurso – olhou para uma bela garota!

Nesse momento, quando o discípulo perdia a consciência, o mestre o golpeou com força na cabeça. O mestre estava vendo a morte se aproximar, invisível, e golpeou-o apenas para deixar o discípulo alerta. O mestre estava esperando atrás dele. Os mestres estão sempre esperando atrás dos seus discípulos, seja fisicamente ou não – e esse é um dos grandes momentos, quando uma pessoa está prestes a morrer. O mestre o golpeou com força, o corpo do discípulo caiu, mas interiormente ele estava novamente alerta. O desejo tinha desaparecido. Tudo caiu com o corpo, despedaçado; ele se tornou alerta. Nesse estado de alerta, ele morreu. E, se conseguir aliar o estado de alerta à morte, você se torna iluminado.

16 IMITAÇÃO

O Dedo de Gutei Apontando para o Uno

> Seja verdadeiro consigo mesmo, pois sua própria verdade pode conduzi-lo à verdade suprema. A verdade dos outros não pode ser a sua própria verdade.
>
> Você traz dentro de si uma semente. Apenas se essa semente crescer e tornar-se uma árvore, você irá florescer; a partir daí você estará em êxtase, terá uma bênção. Mas, se você estiver seguindo os outros, essa semente vai permanecer morta. E você pode acumular todos os ideais do mundo e ser bem-sucedido, mas irá se sentir vazio, pois nada mais pode preenchê-lo; só a sua semente, quando se tornar uma árvore, vai preenchê-lo. Você só vai se sentir realizado quando sua verdade florescer, nunca antes disso.

O mestre zen Gutei tinha o hábito de levantar o dedo sempre que explicava algo sobre o Zen.

Um discípulo muito jovem começou a imitá-lo e, toda vez que alguém lhe perguntava o que seu mestre estava ensinando, o jovem levantava o dedo.

Gutei soube disso e, um dia, ao se deparar com o jovem fazendo isso, ele segurou o jovem, puxou uma faca, cortou o dedo dele e jogou-o longe.

Quando o rapaz saiu correndo e gritando, Gutei falou, "Pare!". O rapaz parou, voltou-se e olhou para o seu mestre com os olhos banhados de lágrimas. Gutei havia erguido o próprio dedo.

O rapaz tentou levantar o dedo, mas, quando viu que não o tinha mais, ele fez uma reverência. Nesse instante, ele se tornou iluminado.

Essa é uma história bem estranha e é bem provável que você a entenda mal, porque não existe coisa mais difícil de se entender na vida do que o comportamento de uma pessoa iluminada.

Os mestres nunca fazem coisa alguma desnecessariamente, nem mesmo erguer um dedo... Gutei nem sempre erguia o dedo, apenas quando explicava uma questão relativa ao Zen – por quê? Todos os seus problemas surgem porque você está fragmentado, porque está em desunião, um caos, não em harmonia. E o que é a meditação? Nada a não ser tornar-se uno. As explicações de Gutei eram secundárias, o dedo erguido era a coisa mais importante. Ele estava dizendo, "Seja uno! E todos os seus problemas estarão resolvidos".

O jovem passou a imitá-lo. Ora, a imitação não levará você a lugar algum. Imitação significa que o ideal vem de fora, não é algo que esteja acontecendo dentro de você. Você tem uma semente dentro de si, mas, se continuar imitando os outros, essa semente permanecerá sem vida.

Gutei deve ter sido uma pessoa cheia de compaixão. Somente se tiver muita compaixão você pode ser tão duro – a imitação precisa ser cortada pela raiz. O dedo é apenas um símbolo. O jovem precisava sofrer um choque severo, e o sofrimento precisava ir até a raiz do seu ser. Um momento intenso de consciência, uma tática muito inteligente...

Gutei gritou, "Pare!". E, quando o jovem parou, não havia mais dor.

Então, por força do hábito, quando o mestre ergueu o dedo, o discípulo ergueu também, mas o dedo não estava lá. Pela primeira vez, ele se deu conta de que não era o corpo, mas sim a consciência, a percepção. Ele é uma alma, e o corpo é apenas sua morada.

Você é a luz que brilha interiormente – não é a lâmpada, mas a chama.

17 — Uma Xícara de Chá

As Pálpebras de Bodhidharma e as Origens do Chá

> A consciência vem por meio da sensibilidade. Você tem que se tornar mais sensível a tudo aquilo que faz, de modo que até mesmo uma coisa trivial como o chá... tem coisa mais trivial do que chá? Tem coisa mais comum do que o chá? Não, não tem, e os mestres e monges zen elevaram essa coisa tão comum a ponto de torná-la extraordinária. Eles interligaram "isso" e "aquilo"... como se o chá e Deus tivessem se tornado uma coisa só. A menos que o chá se torne divino, você não será divino, pois o menor precisa ser elevado até o maior, o ordinário tem que ser elevado até o extraordinário, a terra precisa ser o paraíso. É preciso criar uma ponte, não pode haver nenhuma brecha.

O chá foi descoberto por Bodhidharma, o fundador do Zen. Trata-se de uma bela história.

Ele ficou meditando durante nove anos, olhando para uma parede. Se ficou nove anos, apenas encarando uma parede, continuamente, é natural que um dia começasse a ficar com sono. Ele lutou e lutou contra o sono – lembre-se, o sono metafísico, a inconsciência. Ele queria permanecer consciente até mesmo enquanto dormia. Queria manter a consciência permanentemente – a luz deveria brilhar dia e noite, por 24 horas. Eis o que *dhyana* é, o que a meditação é: consciência.

Uma noite, ele sentiu que seria impossível ficar alerta, estava caindo de sono. Então ele cortou as pálpebras e as jogou fora! Agora não havia mais como fechar os olhos. A história é linda.

Para obter a visão interior, é preciso renunciar a esse olhar para fora. Esse é um preço que deve ser pago. E o que aconteceu? Depois de alguns dias, ele descobriu que aquelas pálpebras que ele havia jogado no chão tinham começado a brotar. Esse broto tornou-se o chá. Eis por que, quando você bebe chá, alguma coisa de Bodhidharma penetra em você e o mantém acordado.

Bodhidharma estava meditando numa montanha chamada T'a, daí o nome, *tea* (chá em inglês). O nome dessa bebida vem dessa montanha onde

Bodhidharma meditou durante nove anos. Isso é uma parábola.

Quando um mestre zen diz "Beba uma xícara de chá", ele está dizendo "Prove um pouco de Bodhidharma. Não dê importância a estas perguntas, se Deus existe ou não, quem criou o mundo, onde fica o céu e onde fica o inferno e qual é a teoria do karma e da reencarnação". Quando o mestre zen diz "Esqueça suas dúvidas e beba uma xícara de chá", ele está dizendo: "Melhor ficar mais atento, não se prenda a essas bobagens. Nada disso vai ajudar você".

18 MEDITAÇÃO

De que Lado dos seus Sapatos Você Deixou o Guarda-Chuva?

Faça as pequenas coisas da vida com uma consciência relaxada. Quando estiver comendo, coma com totalidade – mastigue com totalidade, saboreie com totalidade, cheire com totalidade. Toque no pão, sinta a textura. Cheire o pão, sinta o sabor. Mastigue-o, deixe-o se dissolver no seu ser e permaneça consciente – você estará meditando. E a meditação não estará separada da vida.

Sempre que a meditação está separada da vida, algo está errado. Ela se torna negação à vida. Nesse caso, a pessoa começa a pensar em ir para um mosteiro ou para uma caverna no Himalaia. Assim a pessoa quer fugir da vida, porque a vida parece ser uma distração da meditação.

A vida não é uma distração, a vida é uma ocasião para a meditação.

Um discípulo veio para ver Ikkyu, seu mestre. O discípulo já estava praticando fazia algum tempo. Estava chovendo e, quando ele entrou, deixou os sapatos e o guarda-chuva do lado de fora. Após ter prestado seus respeitos, o mestre perguntou a ele de que lado dos seus sapatos ele havia deixado seu guarda-chuva.

Ora, que pergunta... Você não espera que mestres façam perguntas tão tolas – espera que perguntem a respeito de Deus, da subida da energia *kundalini*, da abertura dos *chakras*, de luzes acendendo na sua cabeça. Você pergunta a respeito de grandes coisas – do oculto, do esotérico. Mas Ikkyu fez uma pergunta bem comum. Nenhum santo cristão teria feito essa pergunta, tampouco um monge ou um *swami* hindu. Ela só pode ser feita por aquele que realmente está com Buda, dentro de Buda – que é ele mesmo um buda. O mestre lhe perguntou de que lado dos sapatos ele havia deixado o guarda-chuva. Ora, o que sapatos e um guarda-chuva têm a ver com espiritualidade?

Se a mesma pergunta lhe fosse feita, você teria ficado incomodado. Que tipo de pergunta é essa? Mas há algo imensamente valioso nela. Tivesse perguntado sobre Deus, sobre sua energia *kundalini* e sobre *chakras*, isso teria sido bobagem, algo totalmente sem sentido. Mas isso tem significado. O discípulo não conseguia se lembrar – quem se importa com o lugar onde foram deixados os sapatos e de qual lado deixou o guarda-chuva, à direita ou à esquerda? Quem se importa? Quem dá tanta atenção assim a guarda-chuvas? Quem se importa com calçados? Quem presta tanta atenção assim?

Mas isso foi o suficiente, o discípulo foi recusado. Ikkyu disse: "Então vá embora e medite por mais sete anos". "Sete anos?", perguntou o discípulo. "Apenas por causa dessa pequena falha?"

Ikkyu respondeu: "Essa não foi uma falha pequena. Enganos não são grandes nem pequenos – você ainda não está vivendo de um modo meditativo, isso é tudo. Volte, medite por mais sete anos e depois volte aqui".

Essa é a parte essencial da mensagem: seja atencioso, tenha atenção com tudo. E não faça nenhuma distinção entre as coisas, dizendo que isso é trivial e aquilo é espiritual. Isso depende de você. Preste atenção, seja cuidadoso e tudo se torna espiritual. Não preste atenção, não seja cuidadoso e tudo deixa de ser espiritual.

É você que atribui espiritualidade às coisas, essa é a sua dádiva ao mundo. Quando um mestre como Ikkyu toca seu guarda-chuva, esse guarda-chuva torna-se tão divino quanto qualquer coisa pode ser. A energia da meditação é alquímica. Ela transforma o metal-base em ouro; ela vai transformando o básico no mais elevado. No ápice, tudo se torna divino. Este mesmo mundo é o paraíso, e este mesmo corpo é Buda.

19 CENTRADO

O Monge e a Prostituta

> Onde quer que você esteja, fique mais centrado, torne-se mais alerta, viva de modo mais consciente. Não há nenhum outro lugar para ir. Tudo que tiver de acontecer, precisa acontecer dentro de você, e isso só depende de você. Você não é uma marionete, e as cordas que o sustentam não estão nas mãos de ninguém. Você é um indivíduo absolutamente livre. Se decidir permanecer nas ilusões, você pode ficar assim por muitas e muitas vidas. Se você decidir dar o fora, basta um único instante para decidir.
>
> Você pode deixar para trás todas as ilusões agora mesmo.

Buda estava em Vaishali, onde Amrapali morava. Amrapali era uma prostituta. No tempo de Buda, na Índia, era comum que as mulheres mais bonitas de qualquer cidade não tivessem permissão para se casar com qualquer pessoa, pois isso criaria ciúmes, inveja, conflitos e lutas desnecessárias. Assim, as mais belas mulheres tinham que se tornar *nagarvadhu* – esposas da cidade inteira. Isso não era vergonhoso de maneira alguma; pelo contrário, elas eram muito respeitadas. Não eram prostitutas comuns. Só eram visitadas pelos mais abastados, ou reis, príncipes, generais – a classe mais alta da sociedade.

Amrapali era muito bonita. Um dia ela estava no seu terraço quando viu um jovem monge budista. Ela nunca tinha se apaixonado por ninguém, mas sentiu-se subitamente apaixonada – ele era jovem mas tinha presença, percepção e graça marcantes. O jeito que ele caminhava... Ela desceu correndo e disse a ele, "Dentro de três dias a estação chuvosa vai começar...". Ela sabia que monges budistas não peregrinavam durante os quatro meses da estação das chuvas. Amrapali continuou, "Eu o convido para ficar na minha casa durante os próximos quatro meses".

O jovem monge respondeu, "Vou perguntar ao meu mestre. Se ele permitir, ficarei".

O jovem monge foi até Buda, tocou os pés do mestre e contou a história toda. "Ela me pediu para ficar os quatro meses na casa dela. Eu disse a ela que iria consultar meu mestre, então estou aqui... farei o que você disser."

Buda olhou nos olhos do discípulo e respondeu, "Você pode ficar".

Isso foi um choque. Dez mil monges... Houve grande silêncio, mas muita raiva, muita inveja. Depois que o jovem saiu para ficar com Amrapali, os monges começaram a trazer fofocas todos os dias. "Toda a cidade está em rebuliço. Só se fala numa coisa – que um monge budista está morando na casa de Amrapali".

Buda disse, "Vocês deveriam guardar silêncio. Eu confio no meu monge. Olhei nos olhos dele – não havia nenhum desejo. Se eu tivesse dito não, ele teria ficado chateado. Eu disse sim... ele simplesmente foi. E eu confio na consciência dele, na sua meditação. Por que vocês ficaram tão alvoroçados e preocupados?".

Depois de quatro meses o jovem voltou e tocou os pés de Buda – com ele estava Amrapali, vestida como uma monja budista. Ela tocou os pés de Buda e falou: "Eu fiz o máximo para seduzir seu monge, mas foi ele que me seduziu. Ele me convenceu por sua presença e sua consciência de que a verdadeira vida consiste em segui-lo".

E Buda então disse para os monges que assistiam, "Agora estão satisfeitos ou não?".

Se a meditação for profunda, se a consciência for clara, nada pode perturbá-la. Amrapali tornou-se uma das mulheres iluminadas entre os discípulos de Buda.

20 EGO

A Mulher e a Travessia do Rio

> O ego é um fenômeno social – é a sociedade, não é você. Mas ele lhe dá uma função na sociedade, um lugar na hierarquia da sociedade. E, se você se contentar com ele, irá perder a oportunidade de encontrar o seu verdadeiro eu. Você já notou que todo tipo de sofrimento vem por meio do ego? Ele não pode fazê-lo feliz; ele só pode torná-lo infeliz. O ego é o inferno. Sempre que estiver sofrendo, tente observar e analisar, e você vai perceber que, de alguma forma, o ego é a causa do sofrimento.

Dois monges budistas estavam voltando para o mosteiro quando chegaram a um rio. A corrente era muito forte, era uma região montanhosa. Uma jovem e bela mulher estava ali, esperando que alguém a ajudasse a atravessá-lo, pois estava com medo de fazer isso sozinha.

Um monge, o mais idoso, é claro... porque o de mais idade sempre caminha na frente – meros jogos do ego... Se for mais velho, você tem que caminhar na frente; monges mais jovens precisam caminhar um pouco atrás. O monge mais velho vem primeiro. A garota pediu a ele, "O senhor pode me ajudar? Basta segurar a minha mão. Estou com medo, a corrente está muito forte e talvez o rio possa ser fundo".

O velho fechou os olhos – isso é o que Buda dizia aos monges, que, se vissem uma mulher, sobretudo uma mulher bonita, deveriam fechar os olhos. Isso é surpreendente: você já a viu, depois você fecha os olhos; do contrário, como pode saber que ela é uma mulher, e bela? Você já foi afetado e agora você fecha os olhos! Então ele fechou os olhos e entrou no rio sem responder à mulher.

Em seguida chegou o segundo monge, o mais jovem. A garota estava com medo, porém não havia nada mais a fazer – o sol estava se pondo, logo seria noite. Então ela pediu ao jovem monge, "Por favor, você pode segurar a minha mão? O rio parece fundo e a corrente está forte e estou com medo".

O monge disse, "É fundo, eu sei, e de nada adiantará apenas darmos as mãos; suba nos meus ombros e eu a carregarei até o outro lado".

Quando chegaram ao mosteiro, o monge mais velho disse para o mais jovem, "Você, companheiro, cometeu um pecado e vou contar que não somente tocou a mulher, não somente falou com ela, como a carregou nos ombros! Você deveria ser expulso da nossa comunidade; não é digno de ser um monge".

O jovem simplesmente sorriu e falou, "Parece que, embora eu tenha deixado aquela mulher há alguns quilômetros, você ainda a carrega nos ombros. Andamos tanto e você ainda está incomodado com isso?".

Ora, o que estava acontecendo a esse velho monge? A mulher era bela; ele havia deixado escapar uma chance. Ele estava irritado, com inveja. Estava cheio de sensualidade, muito confuso. O mais jovem, no entanto, estava completamente puro. Carregou a mulher dentro do rio e a deixou na outra margem, e foi só; a coisa terminou ali.

Nunca lute contra a ganância, o ego, a raiva, a inveja, o ódio – você não pode eliminá-los, você não pode combatê-los. Tudo que pode fazer é ficar consciente deles. No momento em que tomar consciência deles, estará livre. Na luz, a escuridão simplesmente desaparece.

21 CONSCIÊNCIA

Maria Madalena e o Perfume Precioso

> A sociedade vive lhe dizendo "Isso está certo e aquilo está errado". Chamam isso de consciência. Isso se enraizou, ficou incutido em você. Você fica repetindo. Isso não tem valor; não é verdadeiro. A coisa real é sua própria consciência. Ela não carrega respostas prontas sobre o que é errado e o que é certo, não. Mas, instantaneamente, seja qual for a situação que surja, ela lhe traz luz – você sabe imediatamente o que fazer.

Jesus foi visitar a casa de Maria Madalena. Maria estava profundamente apaixonada. Ela passou um perfume muito precioso nos pés dele – o frasco inteiro. Era um perfume bem raro, que podia ter sido vendido. Judas imediatamente contestou. Ele disse, "Você devia proibir as pessoas de fazerem essas coisas sem sentido. O perfume foi desperdiçado, e há pessoas que são pobres e nada têm para comer. Podíamos ter distribuído o dinheiro para os pobres".

O que Jesus disse? Ele disse, "Não se preocupe. Sempre haverá pobres e famintos, mas eu terei partido. Você pode servi-los durante toda sua vida – não há pressa –, mas eu terei partido. Olhe para o amor, não para o perfume precioso. Veja o amor de Maria, o coração dela".

Com quem você vai concordar? Jesus parece muito burguês e Judas parece mais prático e econômico. Judas está falando a respeito dos pobres e Jesus apenas diz "Logo vou partir, então deixe o coração dela fazer o que ela quer e não intervenha com a sua filosofia". Normalmente sua mente vai concordar com Judas. Ele parece ter razão. E era um homem instruído, bem-educado, um pensador. E ele traiu Jesus – vendendo-o por trinta moedas de prata.

Mas, quando Jesus foi crucificado, ele começou a se sentir culpado. É assim que é um homem bom – ele começou a se sentir muito culpado, a consciência dele começou a atormentá-lo. Ele se suicidou. Era um homem bom, a voz da sua consciência sabia o que era certo ou errado. Mas ele não estava consciente.

Essa distinção precisa ser muito bem entendida. A voz da consciência é emprestada, fornecida pela sociedade. A consciência pura é sua realização. A sociedade lhe ensina o que é certo e o que é errado: faça isso e não faça aquilo. Ela lhe dá senso moral, o código, as regras do jogo – essa é a voz da consciência. Do lado de fora, a polícia; dentro, a voz da consciência – é assim que a sociedade o controla.

Judas tinha uma voz da consciência, mas Jesus estava consciente. Jesus estava mais interessado no amor da mulher, Maria Madalena. Foi um gesto tão profundo que, se fosse coibido, isso iria ferir o amor dela; ela iria se retrair dentro de si mesma. Verter o perfume nos pés de Jesus foi apenas um gesto. Por trás disso, ela estava dizendo. "Isso é tudo que tenho – a coisa mais preciosa que possuo. Verter água não seria o bastante; ela não custa nada. Eu gostaria de derramar meu coração, eu gostaria de derramar todo o meu ser...".

Mas Judas tinha somente a voz da sua consciência: ele olhou para o perfume e disse, "Ele é muito valioso". Estava completamente cego para a mulher e seu coração. O perfume é material, o amor é imaterial. Judas não conseguia ver o imaterial. Para isso, você precisa dos olhos da consciência pura.

22 O Coração Tolo

A Sabedoria Insana de São Francisco de Assis

> O coração tem suas próprias razões, que a mente não pode entender. O coração tem sua própria dimensão do ser, que é completamente obscura para a mente. O coração é mais elevado e mais profundo do que a mente, está além do alcance dela. Ele parece tolo. O amor sempre parece bobo, porque não tem uma utilidade. A mente tem uma utilidade. Para ela, todas as coisas têm um propósito – esse é o sentido de ter utilidade. A mente busca um propósito, é voltada para um fim; ela transforma tudo em um meio, e o amor não pode ser transformado em um meio, esse é o problema. O amor em si mesmo é a meta.

Os tolos sempre têm uma sabedoria sutil, e os sábios agem como tolos.

Antigamente, todos os imperadores tinham um bobo da corte. Também tinham sábios, conselheiros, ministros e primeiros-ministros, mas sempre mantinham um bobo na corte. Por quê? Porque existem coisas que os assim chamados sábios não são capazes de entender, coisas que somente um bobo pode entender – isso porque aqueles que se dizem sábios são tão tolos que a esperteza e a inteligência deles fecham suas mentes. Os bobos da corte são tolos, e eles eram necessários porque há coisas que os sábios não diriam por medo do imperador. Um tolo não tem medo de ninguém, irá fala sem pesar as consequências. É assim que os tolos agem, com simplicidade, sem pensar em qual será o resultado. Um homem sensato sempre pensa primeiro no resultado, depois age. O pensamento vem primeiro, depois a ação. O homem tolo age, o pensamento nunca vem primeiro.

Sempre que alguém realiza o supremo, é sinal de que essa pessoa não é como os sábios deste mundo. Ela não pode ser. Pode ser como os seus bobos, mas não como seus sábios.

Quando São Francisco tornou-se iluminado ele costumava chamar a si mesmo de "Bobo de Deus". O papa era um homem sábio e, quando São Francisco foi vê-lo, até mesmo o papa achou que aquele homem havia enlouquecido. Ele era inteligente, calculista, esperto, do contrário como teria se tornado papa? Para se tornar um papa, é preciso ser muito hábil na política. Para se tornar um papa, é preciso diplomacia, é preciso um senso de competitividade feroz para vencer os oponentes, usar os outros como escada e depois lhes puxar o tapete. Tudo isso é política... pois o papa é um líder político. A religião é secundária, para não dizer absolutamente nada. Como pode um homem religioso lutar e competir agressivamente por um posto? Eles são somente políticos. São Francisco foi falar com o papa, e o papa achou que aquele homem era um tolo. Mas as árvores, os pássaros e os peixes pensavam de modo diferente. Quando São Francisco ia até o rio, os peixes saltavam em celebração por sua chegada. Milhares de pessoas presenciaram esse fenômeno – milhões de peixes saltavam simultaneamente; todo o rio ficava tomado por peixes, que saltavam ao mesmo tempo. São Francisco havia chegado, e os peixes estavam felizes. E, aonde quer que ele fosse, os pássaros o seguiam e vinham pousar na perna dele, em seu colo. Eles entendiam esse tolo melhor do que o papa. Até mesmo árvores que tinham secado e estavam morrendo voltavam a verdejar e a florescer quando São Francisco se aproximava. As árvores compreendiam que aquele tolo não era um bobo qualquer; ele era o "bobo de Deus".

23 ORAÇÃO

O Amor e a Lei de Moisés

> Deixe que seus gestos sejam espontâneos, cheios de vida. Deixe sua própria consciência guiar seu estilo de vida, seu padrão de vida. Não permita que ninguém decida por você, isso seria um pecado. Por que um pecado? Porque você nunca estará presente. Vai permanecer superficial, será hipócrita.
>
> Não pergunte a ninguém como orar. Deixe que o momento decida, deixe que o momento seja decisivo, e a verdade daquele momento deverá ser sua oração. Quando você permitir que a verdade do momento tome conta do seu ser, começará a crescer e irá conhecer a beleza profunda da oração. Você estará trilhando o caminho.

Eis uma história famosa sobre Moisés:

Ele passava por uma floresta quando viu um homem orando. O homem estava dizendo absurdos, e Moisés teve que parar. O que o homem estava dizendo era profano, um sacrilégio. Ele dizia, "Deus, às vezes você deve se sentir muito sozinho. Eu posso ir ficar com você como uma sombra, sempre que quiser. Por que sofrer com a solidão quando estou aqui? Eu não sou uma pessoa inútil – posso lhe dar um bom banho e tirar todos os piolhos do seu cabelo e do seu corpo...".

Piolhos?! Moisés não podia acreditar nos seus ouvidos: de que aquele homem estava falando? "E eu vou cozinhar para você – todo mundo gosta da comida que preparo. E vou arrumar a sua cama e lavar as suas roupas. Quando estiver doente eu vou cuidar de você. Eu serei uma mãe para você, uma esposa para você, um servo, um escravo – eu posso ser todo tipo de coisa. Apenas me dê um sinal para que eu possa ir..."

Moisés interrompeu-o e perguntou: "O que estava fazendo? Com quem estava falando? Piolhos no cabelo de Deus? Ele precisa de banho? Pare de falar besteiras! Isso não é oração. Deus vai ficar ofendido com suas palavras".

Olhando para Moisés, o homem jogou-se aos pés dele e disse, "Perdoe, sou um analfabeto, um ignorante. Não sei rezar, por favor, me ensine!".

Então Moisés lhe ensinou a maneira correta de orar e ficou muito feliz, pois havia colocado um homem no caminho certo. Feliz e orgulhoso de si, Moisés foi embora.

E, quando estava sozinho na floresta, uma voz trovejante veio do céu e disse, "Moisés, eu lhe trouxe ao mundo para levar as pessoas até mim, para ligar as pessoas a mim e não para afastar aqueles que me amam. E foi exatamente o que você fez. Aquele homem era um dos meus mais íntimos. Volte lá e peça desculpas. Diga a ele para esquecer da oração que você ensinou. Você destruiu toda a beleza do diálogo dele. Ele é sincero, é amoroso. O amor dele é verdadeiro. O que quer que estivesse dizendo, ele estava falando de coração, não era um ritual. Agora, o que você deu a ele foi só um ritual. Ele vai repeti-lo, mas as palavras estarão apenas nos lábios dele; não estarão vindo do seu ser".

24 O Mau Uso do Poder

Como Vivekananda Perdeu Seus Poderes

> O único antídoto para o mau uso do poder psíquico é o amor. Do contrário, todo poder corrompe. Pode ser riqueza, pode ser prestígio, pode ser política ou pode ser poder psíquico, não faz diferença. Sempre que você se sentir poderoso, se não tiver o amor como um antídoto, seus poderes irão se tornar uma calamidade para os outros, uma maldição; porque o poder nos cega. O amor abre os olhos, amor limpa a visão... sua percepção fica nítida e clara.

No *ashram* de Ramakrishna, em Calcutá, havia muitos discípulos e Vivekananda era o mais intelectual. Havia um homem bem simples que também era discípulo. Seu nome era Kalu, um homem pobre. Ele era tão leal, religioso e emotivo, que tinha no seu quarto centenas de estátuas de deuses diferentes. De manhã cedo, ele tomava banho no Ganges e depois ia adorar esses deuses. É claro que todos tinham que ser reverenciados com a mesma devoção, senão um deles poderia se sentir ofendido. Por isso Kalu passava o dia todo fazendo isso, e os outros riam dele: "O que você está fazendo? Apenas um deus já basta!".

Vivekananda era o que mais debochava de Kalu, dizendo: "Você é um idiota, são apenas estatuetas de pedra! E você está desperdiçando sua vida". Um dia, Ramakrishna mandou Vivekananda praticar um certo método para aumentar a percepção: "Vá para seu quarto, feche a porta e pratique". Quando Vivekananda atingiu um certo estágio, sentiu-se tão cheio de poder que teve uma ideia: "Se eu disser para Kalu, neste momento, apenas dentro de mim mesmo, 'Pegue todos os seus deuses e jogue-os no rio Ganges', ele vai obedecer".

E ele fez isso; ele disse, em seu próprio quarto, apenas para si mesmo: "Kalu, junte todos os seus deuses e jogue-os no Ganges".

Kalu reuniu todos os seus deuses dentro de uma sacola grande e estava arrastando a sacola pela escadaria quando Ramakrishna o encontrou e perguntou, "O que está fazendo?".

Kalu respondeu, "De repente, ouvi uma voz que deve ter vindo do próprio Deus, pois não havia mais ninguém no quarto, e a voz dizia: 'Kalu, pegue todos os seus deuses e jogue-os no Ganges'. Era uma voz tão poderosa que não pude duvidar dela".

Ramakrishna disse, "Venha. Traga seus deuses de volta e lhe mostrarei de onde veio a voz". Ele bateu na porta de Vivekananda. O discípulo saiu, e Ramakrishna estava muito zangado. Ele falou, "Vivekananda, essa era a última coisa que eu esperava de você. Eu tinha lhe dito para ficar mais perceptivo, e não que arruinasse a vida de um pobre homem. Ele tem um coração tão puro, tão amoroso, é um homem tão bonito... como você pôde fazer isso? De agora em diante, você não terá mais esses poderes".

Conta-se que Vivekananda morreu sem atingir a iluminação. Ainda que ele tenha se tornado o sucessor de Ramakrishna, porque era um grande orador, tinha um certo carisma e influenciava as pessoas, ele mesmo morreu pobre, sem saber coisa alguma. E isso só aconteceu porque, depois de obter algum poder, ele decidiu usá-lo, não em benefício de alguém, mas para prejudicar um homem.

25 Luz no Caminho

O Filósofo, o Místico e o Relâmpago

> O clarão de um relâmpago não ilumina seu caminho, não serve como uma lamparina na sua mão. Apenas lhe dá um lampejo, um vislumbre da estrada adiante. Mas esse simples vislumbre é muito precioso; agora seus pés estão mais firmes, agora sua vontade é redobrada, agora sua decisão de alcançar seu destino está fortalecida. Você viu a estrada e sabe que ela está ali e que você não está vagando sem rumo. Um raio de luz bastou para que você tivesse um vislumbre da estrada que deve trilhar e do templo que está no final de sua jornada.

Eu ouvi falar de dois homens que estavam perdidos numa floresta, numa noite muito escura. Era uma floresta muito perigosa, cheia de animais selvagens, muito densa e sombria. Um homem era filósofo e o outro, um místico. De repente, caiu uma tempestade, um choque de nuvens, e eles viram um grande relâmpago.

O filósofo olhou para o céu, o místico olhou para o caminho. No momento do relâmpago, o caminho diante dele foi iluminado. O filósofo olhou o relâmpago e começou a se perguntar, "O que está acontecendo?" e, assim, perdeu o rumo.

Você está perdido numa floresta mais densa do que a dessa história. A noite é ainda mais escura. Algumas vezes, cai um relâmpago – olhe para o caminho.

Alguém como Chuang Tsé é um relâmpago, um Buda é um relâmpago, eu sou um relâmpago. Não olhe para mim, olhe para o caminho. Se olhar para mim, você já terá perdido a chance, pois o relâmpago é só um lampejo. Ele dura só um instante, e o momento no qual a eternidade penetra no tempo é raro, assim como o relâmpago.

Se você olhar para o relâmpago, se olhar para um buda – e um buda é sempre belo, seu rosto é fascinante, seus olhos são magnéticos –, se olhar para um Buda, terá perdido o caminho.

Olhe para o caminho, esqueça Buda. Olhe para o caminho e faça alguma coisa – siga o caminho, aja. O pensamento não poderá guiá-lo, somente a ação, pois o pensamento se dá dentro da sua cabeça. Nunca pode se tornar pleno, apenas suas ações podem ser plenas.

Preste atenção à vida! Viver é a coisa real. Não fique coletando informações sobre o que é a meditação – medite! Não fique coletando informações sobre o que é a dança, existem enciclopédias sobre a dança, mas a coisa toda é completamente inútil a menos que você dance.

Jogue fora todas essas enciclopédias! Livre-se do conhecimento e comece a viver. E, quando você começar a viver, as coisas comuns e ordinárias serão transformadas numa beleza extraordinária. São coisas pequenas, pois a vida consiste de coisas pequenas – mas, quando você as envolve num amor intenso, apaixonado, elas se transformam, enchem-se de luz.

26 SINGULARIDADE

Além da Superioridade e da Inferioridade

> Todo ser humano é único. Não existe ninguém superior ou inferior. Sim, as pessoas são diferentes. Deixe-me lembrá-lo de uma coisa, senão você me entenderá mal. Eu não estou dizendo que todo mundo é igual. Ninguém é superior, ninguém é inferior, mas ninguém também é igual. As pessoas são simplesmente únicas, incomparáveis. Você é você, eu sou eu. Eu tenho que contribuir com o meu potencial para a vida, você tem que contribuir com o seu potencial para a vida. Eu tenho que descobrir o meu próprio ser, você tem que descobrir o seu próprio ser.

Quando a inferioridade desaparece, todo sentimento de superioridade também desaparece. Eles vivem juntos, não podem ser separados. O homem que se sente superior ainda está se sentindo inferior de algum modo. O homem que se sente inferior quer se sentir superior de alguma maneira. Eles formam um par; estão sempre juntos; não podem ficar separados.

Aconteceu...

Um homem muito arrogante, um guerreiro, um samurai, foi ver um mestre zen. O samurai era muito famoso, muito conhecido em todo o país, mas, olhando para o mestre, olhando para a beleza do mestre e a graça do momento, ele subitamente se sentiu inferior. Talvez ele tenha ido com um desejo inconsciente de provar sua superioridade.

Ele disse ao mestre: "Por que estou me sentindo inferior? Um instante antes, estava tudo bem. Quando entrei na sua corte, subitamente me senti inferior. Eu nunca me senti assim. Minhas mãos estão tremendo. Sou um guerreiro, já enfrentei a morte muitas vezes e nunca senti medo... Por que estou tão assustado?".

O mestre falou, "Espere. Quando todo mundo for embora, eu responderei". As pessoas continuaram chegando para visitar o mestre, e o homem foi ficando cansado, cada vez mais cansado. À noite, a sala ficou vazia, não havia mais ninguém, e o samurai perguntou, "Agora você pode me responder?". E o mestre disse, "Agora, venha aqui para fora".

Uma noite de lua cheia – a lua estava justamente surgindo no horizonte... E ele falou, "Olhe para estas árvores, esta árvore alta se estendendo em direção ao céu e esta pequena árvore. Ambas estão ao lado da minha janela há anos e nunca houve nenhum problema. A árvore menor nunca disse para a árvore grande 'Por que me sinto inferior diante de você?'. Como isso é possível? Essa árvore é pequena e aquela árvore é grande, e eu nunca ouvi nenhum pio". O samurai disse, "Porque elas não se comparam". O mestre completou, "Então você não precisa me perguntar; você sabe a resposta".

A comparação causa inferioridade, superioridade. Quando você não compara, toda inferioridade e toda superioridade desaparecem. Você existe, você simplesmente existe. Um pequeno arbusto ou uma grande árvore – não importa; você é você mesmo. Você é necessário. Uma folha de grama é tão necessária quanto a maior estrela. Sem a folha de grama, Deus será menor do que ele é. O canto do cuco é tão necessário quanto qualquer Buda; o mundo será menor, será menos rico se o cuco desaparecer.

Basta que olhe ao redor. Tudo é necessário e tudo se encaixa. É uma unidade orgânica; ninguém é maior e ninguém é menor, ninguém é superior e ninguém é inferior. Todos são incomparáveis, únicos.

27 BÊNÇÃOS DISFARÇADAS

As Venturas e Desventuras de um Aldeão

> O único problema com a tristeza, o desespero, a raiva, o desamparo, a ansiedade, a angústia, o sofrimento, é que você quer se livrar desses sentimentos. Essa é a única barreira.
>
> Você terá que conviver com eles. Simplesmente não pode escapar. Eles são a própria situação com a qual a vida precisa se integrar e crescer. São os desafios da vida. Aceite-os, pois eles são bênçãos disfarçadas.

Um homem tinha um belo cavalo, e o cavalo era tão raro que até mesmo imperadores pediam ao homem que o vendesse, pelo preço que quisesse, mas ele se recusava. Uma manhã, ele descobriu que o cavalo havia sido roubado. A aldeia inteira reunida solidarizou-se com ele, dizendo: "Que desgraça! Você podia ter conseguido uma fortuna, as pessoas estavam oferecendo tanto dinheiro. Você foi teimoso e tolo. Agora o seu cavalo foi roubado".

Mas o homem apenas sorriu e falou: "Não digam bobagens! Apenas digam que o cavalo não está mais no estábulo. Deixem o tempo passar, então veremos". E aconteceu que, depois de quinze dias, o cavalo retornou e não estava sozinho. Trazia consigo uma dúzia de cavalos selvagens da floresta. A aldeia inteira reuniu-se e disse: "Ele estava certo! O cavalo está de volta e trouxe com ele mais doze lindos cavalos. Agora ele pode ganhar todo o dinheiro que quiser".

Os moradores da aldeia procuraram o homem e falaram, "Nos perdoe. Não soubemos entender o futuro e os caminhos de Deus. Você, porém, é formidável! Você sabia alguma coisa sobre isso! Deve ter previsto o futuro".

Ele disse, "Bobagem! Tudo que sei é que agora o cavalo retornou com outros doze cavalos – o que vai acontecer amanhã, ninguém sabe".

E, no dia seguinte, o filho único desse homem estava tentando montar um cavalo selvagem quando caiu e quebrou as pernas. Toda a aldeia se reuniu novamente e os camponeses comentaram: "A gente nunca sabe... Você estava certo; deve ser uma maldição. Teria sido melhor se o cavalo não tivesse voltado... Agora seu filho vai ficar aleijado pelo resto da vida".

O velho falou, "Não se precipitem! Esperem e vejam o que vai acontecer. Digam apenas que meu filho quebrou as pernas – isso é tudo".

Depois de quinze dias, todos os jovens da cidade foram convocados, porque o país estava prestes a entrar em guerra. Somente o filho desse homem ficou, pois ele não tinha nenhuma serventia. Todos se reuniram e disseram: "Nossos filhos foram para a guerra! Você pelo menos tem seu filho com você. Pode ser que ele fique para sempre aleijado, mas está aqui! Nossos filhos se foram e o inimigo é muito mais forte; todos vão ser mortos. Na nossa velhice, não teremos quem cuide de nós, mas você pelo menos tem o seu filho e talvez ele possa ser curado".

Mas o velho retrucou, "Digam somente isto: que seus filhos foram para a guerra. Meu filho ficou, mas não se pode concluir nada além disso".

Limite-se aos fatos! Não encare nada como uma maldição ou uma bênção. Não as interpretem e, subitamente, você verá que tudo é belo.

28 Autoaceitação

Amores-perfeitos no Jardim do Rei

Você não pode melhorar a si mesmo. Não estou dizendo que não seja possível melhorar, apenas que você não pode melhorar a si mesmo. Quando você para de melhorar a si mesmo, a vida melhora você. Nessa descontração, nessa aceitação, a vida começa a cuidar de você, a vida começa a fluir através de você.

Ninguém jamais foi como você e ninguém jamais será como você; você é simplesmente único, incomparável. Aceite isso, ame isso, celebre isso – e, nessa mesma celebração, você começará a ver a singularidade das pessoas, a incomparável beleza das pessoas. Amor só é possível quando há uma profunda aceitação de si mesmo, do outro, do mundo. A aceitação cria o ambiente no qual o amor cresce, é o solo no qual o amor floresce.

Ouvi alguém contar:

Um rei saiu no jardim do seu palácio e encontrou plantas, arbustos e flores murchas. O carvalho disse que estava morrendo porque não podia ser tão alto quanto o pinheiro. Virando-se para o pinheiro, o rei percebeu que ele estava murcho porque era incapaz de dar uvas como a parreira. E a parreira estava morrendo, porque não podia dar flores como a roseira. Mas ele encontrou amores-perfeitos florescendo e tão viçosos como jamais vira. Ao inquirir uma das flores, ele recebeu esta resposta:

"Eu concluí que, quando me plantou, você queria um amor-perfeito. Se desejasse um carvalho, uma videira ou uma roseira, não teria plantado um amor-perfeito. Então achei que, já que você me plantou aqui, era meu dever fazer o melhor para ser o que você desejava. Nada posso ser senão o que sou e estou tentando fazer o melhor que posso".

Você está aqui porque esta existência precisa de você como você é. Do contrário, outra pessoa estaria aqui! A existência não o teria ajudado a estar aqui, não o teria criado. Você está realizando algo muito essencial, algo fundamental, sendo o que é.

Se Deus quisesse um Buda, ele teria produzido tantos Budas quanto quisesse. Produziu um único Buda – isso foi suficiente, e ele ficou satisfeito com o desejo do seu coração, completamente satisfeito. Desde então, ele não mais produziu outro Buda ou outro Cristo. Em vez disso, ele criou você. Basta pensar no respeito que o universo tem por você! Você foi escolhido, não Buda, não Cristo, não Krishna.

Você vai ser mais necessário, essa é a razão. Você se encaixa mais neste momento. O trabalho deles está feito, contribuíram com suas fragrâncias para a existência. Agora você deve contribuir com sua própria fragrância.

Os moralistas, os puritanos, os padres, contudo, eles continuam lhe dando lições, querem deixar você maluco. Eles dizem à rosa, "Torne-se um lótus". E dizem ao lótus, "O que você está fazendo aqui? Você devia se tornar alguma outra coisa". Eles levam o jardim inteiro à loucura, tudo começa a morrer – pois ninguém pode ser o que não é, isso não é possível.

Foi isso que aconteceu com a humanidade. Todos estão fingindo. A autenticidade se perdeu, a verdade se perdeu, todos tentam ser outra pessoa. Basta olhar para si mesmo: você está fingindo ser outra pessoa. E você só pode ser você mesmo – não há outro jeito, nunca houve, não há nenhuma possibilidade de você ser outra pessoa. Você irá continuar sendo você mesmo. Pode aproveitar isso e florescer ou pode murchar aos poucos, caso você condene aquilo que é.

29 GRATIDÃO

Uma Noite sem Abrigo

> A partir do momento em que uma pessoa é capaz de sentir gratidão tanto pelo sofrimento quanto pelo prazer, sem qualquer distinção, sem nenhuma escolha, apenas sendo grato por aquilo que lhe é dado... Porque, se foi dado por Deus, deve haver uma razão para isso... Podemos gostar ou não gostar, mas isso deve ser necessário para o nosso crescimento. Inverno e verão são ambos necessários para o crescimento. Depois que essa ideia se fundamenta no coração, cada momento da vida se torna um momento de gratidão.
>
> Deixe que isso se torne sua meditação e sua oração: agradeça a Deus por cada momento – pelos risos, pelas lágrimas, por tudo. Assim você verá surgir um silêncio em seu coração que não conhecia antes. Isso é êxtase.

A primeira coisa é aceitar a vida como ela é. Aceitando-a, o desejo desaparece. Aceitando a vida como ela é, a tensão desaparece, o descontentamento desaparece; aceitando-a como ela é, a pessoa começa a se sentir muito alegre – sem nenhum motivo aparente! Quando a alegria tem um motivo, ela não dura muito tempo. Quando alegria é gratuita, ela dura para sempre.

Isso aconteceu na vida de uma mulher zen muito conhecida. O nome dela era Rengetsu. Muito poucas mulheres alcançaram o supremo no Zen. Essa é uma raridade.

Ela estava numa peregrinação, chegou numa aldeia, ao pôr do sol, e pediu abrigo para a noite, mas os aldeões fecharam as portas. Eles eram contra o Zen. O Zen é tão revolucionário, tão rebelde, que é muito difícil aceitá-lo. Aceitando-o você vai ser transformado; aceitar o Zen é como passar através do fogo, você nunca mais será o mesmo novamente.

Pessoas conservadoras sempre foram contra tudo que é verdadeiro na religião. Tradição é tudo que é inverdade na religião. Então esses aldeões deviam ser budistas tradicionais, e não permitiram que essa mulher ficasse na cidade; eles a mandaram embora.

Era uma noite fria, e a anciã estava sem abrigo e com fome. Teve que improvisar um abrigo debaixo de uma cerejeira nos campos. Estava um frio cortante e ela não conseguia dormir bem. Era perigoso também – animais selvagens e tudo mais. À meia-noite, ela acordou – por causa do frio intenso – e viu, no céu noturno, as flores abertas da cerejeira sorrindo para a lua enevoada. Arrebatada pela beleza, ela se levantou e fez uma reverência na direção da aldeia, em agradecimento, com estas palavras:

Graças à bondade deles,
ao me recusar uma pousada,
me encontrei sob as flores
nesta noite de lua enevoada.

Ela se sentia agradecida. Cheia de gratidão, agradeceu àquelas pessoas que lhe recusaram abrigo. Do contrário, ela estaria dormindo sob um teto comum e teria perdido aquela bênção – as flores da cerejeira, o sussurro do vento sob a lua enevoada e o silêncio da noite, o profundo silêncio da noite. Não estava com raiva, ela aceitou o que aconteceu. Não só aceitou, como deu as boas-vindas; ela se sentia grata.

A pessoa se torna um buda quando aceita tudo que a vida traz, com gratidão.

30 AQUILO QUE NUNCA MORRE

A Mãe Inconsolável e as Sementes de Mostarda

> Lembre-se, a cada momento, o que você está acumulando? Isso lhe vai ser tirado no momento da morte? Então não vale a pena se preocupar com isso. Se for algo que não lhe vai ser tirado na morte, então vale a pena até sacrificar a própria vida por isso, pois, mais cedo ou mais tarde, a vida vai acabar. Antes que a vida acabe, aproveite a oportunidade para encontrar o que nunca morre.

O marido de uma mulher morreu. Ela era jovem, só tinha um filho. Queria cometer *sati*, queria morrer na pira funerária com o marido, mas a criancinha a impedia de fazer isso. Ela tinha que viver pelo filho pequeno.

Um dia, no entanto, o pequenino morreu; agora já era sofrimento demais... Ela estava a ponto de enlouquecer e perguntava às pessoas "Existe algum médico em que eu possa levar meu filho, para que o faça respirar novamente? Eu só vivo por ele, agora minha vida é uma completa escuridão".

Por fruto do acaso, Buda Gautama estava na cidade, e as pessoas disseram, "Leve seu filho a Buda. Diga a ele que essa criança era sua vida e agora ela morreu. Peça a ele, diga, 'Você é uma pessoa tão iluminada, traga meu filho de volta! Tenha misericórdia de mim!'".

Então ela foi procurar Buda. Colocou o cadáver do filho aos pés dele e falou, "Faça-o voltar a respirar. Você sabe todos os segredos da vida, atingiu os pincaros da existência. Não poderia fazer um pequeno milagre por uma pobre mulher?".

Buda disse, "Eu posso fazer isso, mas tenho uma condição".

Ela respondeu, "Eu aceito qualquer condição".

Buda prosseguiu, "A condição é que você procure, na cidade, uma casa onde ninguém jamais tenha perdido ninguém da família e traga de lá algumas sementes de mostarda".

A mulher não compreendeu a estratégia. Bateu na porta de uma casa e os moradores disseram, "Algumas sementes de mostarda? Podemos trazer carroças cheias de sementes de mostarda se Buda pode trazer o seu filho de volta. Mas já tivemos tantas mortes na nossa família...". A aldeia era pequena e a mulher bateu de porta em porta. Todo mundo se prontificava: "Quantas sementes você quer?". Mas era impossível satisfazer a condição, pois todos já tinham sofrido muitas mortes na família...

À noite, ela entendeu que todos que nascem um dia também morrem, então qual era o sentido de fazer a criança voltar a viver? "Ela vai morrer outra vez. É melhor que você saia em busca do eterno, que nunca morre e jamais morrerá." A mulher voltou de mãos vazias. O Buda perguntou, "Onde estão as sementes de mostarda?".

Ela riu. Pela manhã estava chorando, agora ela ria e disse, "Você me armou uma cilada! Todos que nascem um dia vão morrer. Não existe família no mundo que nunca tenha perdido alguém. Então não quero que meu filho volte a viver... Para quê? Esqueça essa ideia de ressuscitar a criança. Vim para que me inicie na arte da meditação, para que eu possa conhecer o reino da imortalidade, onde o nascimento e a morte nunca acontecem".

Isso é o que chamo de um autêntico milagre: cortar o problema pela raiz.

31   Desprendimento

Hakuin e o Recém-nascido

> Continue a sentir algo dentro de você que não mude, independentemente do que aconteça na periferia. Quando alguém insultá-lo, concentre-se até o ponto em que você fique apenas ouvindo a pessoa – sem fazer nada, sem reagir, apenas escutando. Ela o está insultando. E depois alguém o está elogiando – apenas escute. Insulto ou elogio, honra ou desonra, apenas escute. Sua periferia ficará perturbada. Olhe também para isso, mas não tente mudar nada. Apenas olhe, mantendo-se no seu centro, olhando dali. Você terá um desprendimento que não é forçado, que é espontâneo, natural. E depois que você tiver sentido esse distanciamento natural, nada mais poderá perturbá-lo.

Numa aldeia em que o grande mestre zen Hakuin vivia, uma moça ficou grávida. O pai dela forçou-a a contar qual era o nome do pai da criança. Por fim, para escapar do castigo, ela disse que era Hakuin.

O pai não disse mais nada, mas, quando chegou a hora de a criança nascer, ele imediatamente levou o bebê até Hakuin e o pôs aos pés dele. "Parece que essa criança é seu filho", ele disse, e depois descarregou insultos e mostrou seu desprezo pela desonra que aquilo representava.

Hakuin apenas disse "Ah, é mesmo?" e pegou o bebê nos braços. Onde quer que ele fosse, levava o bebê, envolto nas mangas de seu quimono esfarrapado. Durante os dias chuvosos e as noites tempestuosas, ele saía para pedir um pouco de leite nas casas vizinhas. Muitos de seus discípulos, considerando-o um fracassado, voltaram-se contra ele e o deixaram. Mas Hakuin não disse uma palavra.

Enquanto isso, a mãe sofria por não suportar a agonia de ter se separado do filho. Ela confessou o nome do verdadeiro pai, e o próprio pai dela foi até Hakuin e prostou-se diante dele, suplicando perdão. Hakuin apenas disse, "Ah, é assim?" e devolveu-lhe a criança.

Para o homem comum, o que os outros dizem é muito importante, pois ele nada possui dele mesmo. Não importa o que pensem, isso não passa de opiniões das outras pessoas. Alguém diz, "Você é bonito". Outro diz, "Você é inteligente". E a pessoa vai acumulando todas essas opiniões. Está sempre com medo da opinião pública, do que as pessoas vão dizer, porque tudo que ela sabe sobre si mesma é o que as pessoas lhe disseram. Se as pessoas mudarem de ideia, elas a deixam desnuda. Assim, ela não sabe quem é, se é feia, se é bela, inteligente ou tola. Ela não tem ideia, nem uma vaga ideia, de qual é seu próprio ser; ela depende da opinião dos outros.

Mas aquele que medita não precisa da opinião dos outros. Ele conhece a si mesmo, por isso não importa o que os outros digam. Mesmo que o mundo inteiro diga alguma coisa que vá contra sua própria experiência, ele irá simplesmente rir. No máximo, essa poderá ser sua resposta. Ele, contudo, não irá tomar nenhuma atitude para mudar a opinião das pessoas. Quem elas são? Elas não se conhecem, mas ainda assim tentam rotulá-lo. Aquele que medita vai rejeitar qualquer rótulo. Ele simplesmente dirá, "Sou aquilo que sou e é desse jeito que vou ser".

32 ALÉM DA FAMÍLIA DE SANGUE

"Ninguém é Minha Mãe ou Meu Pai..."

> Você nasce com uma tremenda possibilidade de inteligência. Você nasce com uma luz dentro de você. Escute a vozinha serena dentro de você, ela vai guiá-lo. Ninguém mais pode guiá-lo, ninguém mais poderá ser um modelo para a sua vida, porque você é único. Nunca existiu ninguém exatamente como você e jamais haverá alguém que seja exatamente como você. Essa é sua glória, sua grandeza – que você é totalmente insubstituível, que você é apenas você mesmo e mais ninguém.

Jesus ainda era uma criancinha quando seus pais foram ao grande templo para o festival anual. Jesus perdeu-se no meio da multidão e só ao anoitecer os pais conseguiram encontrá-lo. Ele estava sentado com alguns eruditos, apenas uma criança, e discutia várias questões com eles. O pai de Jesus falou, "Jesus, o que está fazendo aqui? Estávamos preocupados com você".

Jesus respondeu, "Não se preocupe. Eu estava cuidando dos negócios de meu pai". José falou, "Eu sou seu pai – e de que tipo de negócio você está cuidando aqui? Sou carpinteiro".

Jesus disse, "Meu pai está no céu. Você não é meu pai".

Assim como o filho tem que deixar o corpo da mãe, do contrário morre – ele precisa sair do útero –, a mesma coisa acontece mentalmente. Um dia, ele tem de sair do útero do pai e da mãe. Não só física, mas mentalmente também. Não só mental, mas também espiritualmente. E, quando nasce a criança espiritual, depois de romper por completo com o seu passado, pela primeira vez ela se torna um eu, uma realidade independente, capaz de caminhar com as próprias pernas. Antes disso, ele era apenas uma parte da mãe ou do pai ou da família – mas nunca ele mesmo.

O que quer que você esteja fazendo, pensando, decidindo, preste atenção: isso está vindo de você ou é outra pessoa falando? E você ficará surpreso ao descobrir a verdadeira voz; talvez seja sua mãe – você a ouvirá falar novamente. Talvez seja seu pai; não é tão difícil detectar. Isso permanece dentro de você, gravado exatamente como você ouviu pela primeira vez – o conselho, a ordem, a disciplina, o mandamento.

Você pode encontrar muitas pessoas – o sacerdote, os professores, os amigos, os vizinhos, os parentes. Não há necessidade nenhuma de lutar. Basta saber que essa não é sua voz, mas a voz de outra pessoa – seja lá quem for essa outra pessoa; você sabe que não vai seguir isso. Seja quais forem as consequências, agora você está decidido a caminhar por si mesmo, está decidido a amadurecer. Você já foi criança por tempo suficiente. Você continuou dependente por tempo suficiente. Você ouviu todas essas vozes e as seguiu por tempo suficiente. E aonde elas o levaram? A essa confusão.

Portanto, assim que você perceber de quem são essas vozes, diga adeus a elas… pois a pessoa que lhe deu essa voz não era sua inimiga. A intenção dela não era ruim, mas a intenção dela não é o que importa. O problema é que ela impôs algo sobre você que não está vindo de sua própria fonte interior; e qualquer coisa que esteja vindo de fora lhe faz um escravo psicológico. Só sua própria voz lhe conduzirá ao florescimento, à liberdade.

33 RENOVAÇÃO

A Herança de Buda

> Quando não houver passado, quando não houver futuro, só então haverá paz. Futuro significa aspirações, realizações, metas, ambições, desejos. Você não pode estar aqui agora, pois está sempre correndo atrás de alguma coisa, de algum lugar. A pessoa precisa estar absolutamente presente no presente, só assim há paz. E é daí que vem a renovação da vida, pois a vida só conhece um tempo, e esse tempo é o presente. O passado está morto; o futuro é apenas uma projeção do passado morto. O que você pode pensar sobre o futuro? Você pensa com base em seu passado, isso é o que você conhece, e você o projeta – é claro que o imaginando um pouco melhor. Será mais bonito, mais bem decorado; todas as dores terão sido esquecidas e só os prazeres terão sido escolhidos, mas ainda assim será passado. O passado não existe, o futuro não existe, só o presente existe. Estar no presente é estar vivo, é estar no que há de melhor – e essa é a renovação.

Apenas um dia antes de Gautama Buda deixar seu palácio para sair em busca da verdade, a esposa dele havia dado à luz. Essa é uma história muito humana, muito bela... Antes de deixar o palácio, ele queria, ao menos uma vez, ver o rosto do filho, símbolo do seu amor pela esposa. Então entrou nos aposentos dela. Ela estava dormindo, e a criança estava debaixo de um cobertor. Ele queria tirar a coberta para ver o rosto da criança, pois talvez jamais voltasse.

Estava saindo para uma peregrinação rumo ao desconhecido. Estava arriscando tudo, seu reino, sua vida, seu filho, ele mesmo, em sua busca pela iluminação – algo do qual ele somente tinha ouvido falar como uma possibilidade, que só tinha acontecido a algumas poucas pessoas dispostas a sair em busca dela. Ele estava tão cheio de dúvidas quanto qualquer pessoa, mas o momento da decisão havia chegado. Ele estava determinado a partir. Mas a mente humana, a natureza humana... Ele só queria ver – ele não tinha nem mesmo visto o rosto do próprio filho. Mas ele temia que, se tirasse a coberta, se Yashodhara, sua esposa, acordasse, ela perguntasse, "O que está fazendo no meio da noite em meu quarto? E você parece pronto para ir a algum lugar".

O cocheiro já estava aguardando do lado de fora dos portões, já tinha cuidado de todos os preparativos, e ele estava prestes a partir, só tinha pedido ao cocheiro: "Espere um minuto. Deixe-me ver o rosto da criança. Pode ser que eu nunca mais volte". Mas ele não pôde olhar, com medo de que Yashodhara acordasse, começasse a chorar, a soluçar, "Onde você vai? O que você está fazendo? Que renúncia é essa? Que iluminação é essa?". Ninguém sabe o que pode fazer uma mulher – ela podia acordar todo o palácio! O pai dele saberia e estragaria tudo. Então ele simplesmente fugiu...

Depois de doze anos, depois de atingir a iluminação, a primeira coisa que fez foi voltar ao palácio para se desculpar com o pai, a esposa, o filho, que agora devia estar com 12 anos de idade. Ele estava ciente de que poderiam estar zangados. O pai estava furioso – ele foi o primeiro a encontrá-lo e, por meia hora, continuou a insultar o filho. Mas, depois, subitamente percebeu que estava dizendo muitas coisas, enquanto o filho permanecia ali de pé, como uma estátua de mármore, como se nada o afetasse. O pai olhou para ele, e Buda Gautama falou, "Foi o caminho que escolhi. Por favor, enxugue as lágrimas. Olhe para mim: não sou o mesmo garoto que deixou o palácio. Seu filho morreu muito tempo atrás. Posso me parecer com ele, porém minha consciência é outra. Basta olhar para mim".

O pai disse, "Estou vendo. Há meia hora estou insultando você e isso é prova suficiente de que você mudou. Do contrário, sei quanto era temperamental; você não conseguiria ficar tão silencioso. O que lhe aconteceu?".

Buda respondeu, "Eu lhe direi. Deixe-me primeiro ver minha esposa e meu filho. Eles devem estar esperando – já devem saber que estou aqui".

E a primeira coisa que a esposa disse a ele foi, "Posso ver que você está transformado. Esses doze anos foram de grande sofrimento, mas não porque você se foi. Sofri porque você não me disse nada. Se tivesse simplesmente me contado que estava saindo em busca da verdade, acha que eu o teria impedido? Você me insultou profundamente. Essa é a mágoa que carrego há doze anos. Também pertenço à casta dos guerreiros – você acha que sou assim tão frágil que teria chorado e gritado para tentar impedi-lo de partir?

Durante esses doze anos, meu sofrimento foi só pelo fato de não ter confiado em mim. Eu teria deixado você ir, teria me despedido, teria ido até a carruagem. Primeiro, quero lhe fazer a única pergunta que me perseguiu durante todos esses doze anos, pois o que quer que queria ter alcançado, parece que certamente alcançou...

Você não é mais a mesma pessoa que deixou este palácio. Você irradia uma luz diferente, sua presença é totalmente nova e revigorante, seus olhos são tão puros e cristalinos como um céu sem nuvens. Você ficou tão bonito... Sempre foi belo, mas essa beleza não parece ser deste mundo. Alguma graça sobrenatural recaiu sobre você. Minha pergunta é: seja lá o que você tenha alcançado, não era possível alcançar isso aqui dentro deste palácio? Pode um palácio impedir a verdade?".

A pergunta era extremamente inteligente, e Buda Gautama teve que concordar: "Poderia ter conseguido isso aqui, mas eu não fazia ideia disso naquele momento. Agora posso dizer que poderia ter alcançado isso aqui neste palácio; não havia nenhuma necessidade de ir para as montanhas, não havia necessidade de ir a lugar algum. Tinha apenas que mergulhar dentro de mim, e isso podia ter ocorrido em qualquer lugar. Este palácio era tão bom quanto qualquer outro lugar. Mas só agora posso dizer isso. Naquele momento, eu não fazia ideia.

Então você deve me perdoar, pois não é que eu não confiasse em você ou na sua coragem. Na verdade, tinha dúvida quanto a mim mesmo... Se você acordasse e eu tivesse visto o bebê, eu poderia ter começado a pensar, 'Que estou fazendo, deixando minha bela esposa, cujo amor é pleno, que tem total devoção por mim. E deixando meu filho de um dia de vida... Se o estou deixando, então por que consenti no seu nascimento? Estou fugindo das minhas responsabilidades'.

Se meu velho pai tivesse acordado, teria sido impossível para mim. Não é que eu não confiasse em você; na verdade, eu não confiava em mim. Sabia que havia uma hesitação; eu não estava plenamente convencido da minha decisão de renunciar. Uma parte de mim dizia 'O que você está fazendo?', e outra parte de mim dizia 'Essa é a hora de fazer isso. Se não fizer agora, isso se tornará cada vez mais difícil. Seu pai está se preparando para lhe passar a coroa. Coroado rei, será bem mais difícil' ".

Yashodhara disse a ele, "Essa era a única pergunta que eu queria lhe fazer, e estou imensamente feliz por você ter sido absolutamente verdadeiro, dizendo que isso poderia ser alcançado aqui, que poderia ser alcançado em qualquer lugar. Agora seu filho, que está de pé ali, um garotinho de 12 anos, vive perguntando sobre você e sempre digo a ele 'Apenas espere. Ele vai voltar; ele não pode ser tão cruel, não pode ser tão duro, não pode ser tão desumano. Um dia ele virá. Talvez o que quer que tenha ido realizar esteja levando tempo. Mas, depois que ele realizar, a primeira coisa que fará será voltar'.

Então seu filho está ali, e eu quero que você me diga que herança você está deixando para ele. O que você tem para dar a ele? Você lhe deu vida – e agora, o que mais?".

Buda nada tinha a não ser sua tigela de esmolas, então chamou o filho, cujo nome era Rahul. Chamou Rahul para perto de si e lhe deu a tigela de esmolas. Ele disse, "Eu nada tenho. Essa é minha única posse. Daqui por diante terei que usar as mãos para pedir esmolas, para pedir comida. Dando a você essa tigela de esmolas, estou lhe iniciando no *sannyas*. Esse foi o único tesouro que encontrei, e eu gostaria que você também o encontrasse".

Ele disse a Yashodhara, "Você precisa se preparar para fazer parte do meu grupo de *sannyasins*", e ele iniciou a esposa. Seu pai tinha chegado e estava observando toda a cena. Ele falou a Buda Gautama, "Então por que você está me deixando de fora? Você não quer compartilhar o que encontrou com seu velho pai? Minha morte está próxima... Me inicie também".

Buda respondeu, "Na verdade, eu apenas vim para levar todos vocês comigo, pois encontrei um reino muito maior – um reino que vai durar para sempre, que não pode ser conquistado. Vim aqui para que vocês possam sentir a minha presença, para que possam sentir o que atingi e para que eu possa convencê-los a ser meus companheiros de viagem".

34 RAIVA

O Monge de Temperamento Indomável

> Da próxima vez que ficar com raiva, corra e dê sete voltas ao redor da sua casa e, depois, sente-se debaixo de uma árvore e observe para ver aonde foi a raiva. Você não a reprimiu, não a controlou, não a lançou sobre outra pessoa...
>
> A raiva é só um vômito mental. Não há nenhuma necessidade de jogá-la sobre outra pessoa. Faça um pouco de exercício ou pegue um travesseiro e bata nele até que suas mãos e seus dentes fiquem relaxados.
>
> Na transformação, você nunca controla nada, simplesmente se torna mais consciente. A raiva está acontecendo – é um belo fenômeno, assim como a eletricidade nas nuvens...

Um estudante do Zen procurou Bankei e disse, "Mestre, tenho um temperamento indomável. Como posso me curar disso?".

"Mostre para mim esse temperamento", falou Bankei, "pois ele me parece fascinante".

"Não estou fora de mim agora", respondeu o estudante, "por isso não posso mostrá-lo".

"Então", disse Bankei, "deixe-me ver esse temperamento quando estiver fora de si".

"Mas não posso fazer isso", protestou o estudante. "É algo que acontece inesperadamente, e com certeza já terei recuperado a calma antes de chegar até você".

"Nesse caso", disse Bankei, "ele não pode ser parte da sua verdadeira natureza. Se fosse, você poderia mostrá-lo para mim a qualquer momento. Quando você nasceu não tinha esse temperamento, então isso deve ter vindo de fora. Sugiro que, sempre que isso acontecer, você bata em si mesmo com uma vara até que o temperamento não aguente mais e vá embora".

Mesmo quando a raiva estiver acontecendo, se você ficar subitamente consciente, ela desaparece. Experimente! No calor do momento, quando seu sangue estiver fervendo e você estiver com vontade de matar alguém – nesse momento torne-se consciente e irá sentir que alguma coisa mudou: uma engrenagem dentro de você, você pode sentir o clique, seu ser interior relaxou. Pode levar tempo para sua camada externa relaxar, mas o ser interior já relaxou. A cooperação foi rompida...agora você não está mais identificado. O corpo levará algum tempo para descansar, mas bem fundo, lá no centro, tudo está tranquilo.

A consciência é necessária, não a condenação. E, por meio da consciência, a transformação acontece, espontaneamente. Se você se der conta da sua raiva, o entendimento penetrará em você. Apenas observando, sem nenhum julgamento, sem dizer se é bom ou ruim, só observando seu céu interior. Há relâmpagos, há raiva, você está fervendo, todo o sistema nervoso se agita e você sente um tremor no corpo inteiro – um belo momento, pois a energia ativa pode ser observada facilmente. Quando não está ativa, você não pode observá-la.

Feche os olhos e medite sobre isso. Não lute, apenas olhe para o que está acontecendo – o céu inteiro cheio de eletricidade, tantos relâmpagos, tanta beleza. Deite-se no chão, olhe para o céu e observe. Depois faça o mesmo dentro de você.

Alguém o insultou, alguém riu de você, alguém disse isso ou aquilo... muitas nuvens, nuvens negras no céu interior e muitos relâmpagos. Observe! É uma cena bonita – terrível também, pois você não a compreende. É misteriosa e, se o mistério não é compreendido, torna-se terrível, você fica com medo dele. E, sempre que um mistério é compreendido, torna-se uma graça, uma dádiva, pois agora você possui as chaves e, com elas, você é o mestre.

35 O Domínio das Emoções

O Segredo do Anel

> Pensar "Eu sou a mente" é estar inconsciente. Saber que a mente, exatamente como o corpo, é apenas um mecanismo, saber que a mente está separada... A noite chega, a manhã vem: você não fica identificado com a noite. Você não diz "Eu sou a noite"; não diz "Eu sou a manhã". A noite chega, a manhã chega, o dia vem, novamente a noite vem. A roda continua girando, mas você permanece alerta, sabendo que não é nenhuma dessas coisas.
>
> A mesma coisa acontece com a mente.
>
> A raiva vem, mas você esquece e fica zangado. A ambição chega, você esquece e se torna a ambição. O ódio vem, você esquece e se torna o ódio. Isso é falta de consciência.
>
> Consciência é observar que a mente está cheia de ambição, cheia de raiva, cheia de ódio ou repleta de desejos, mas você é simplesmente um observador.

> Então você pode ver a ambição surgindo, tornando-se uma grande nuvem escura, depois se dispersando – e você permanece intocado. Quanto tempo isso pode durar? Sua raiva é momentânea, sua ambição é momentânea, seu desejo é momentâneo.
>
> Basta observar um pouco e você ficará surpreso: tudo isso vem e vai. E você fica ali impassível, tranquilo, calmo.

A coisa mais básica a ser lembrada é que, quando você está se sentindo bem, em estado de êxtase, não deve começar a pensar que esse vai ser seu estado permanente. Viva o momento de forma tão feliz e alegre quanto possível, sabendo perfeitamente bem que isso veio e vai passar, assim como uma brisa entra na sua casa, com toda a sua fragrância e frescor, e sai pela outra porta.

Essa é a coisa mais fundamental. Se você começa a pensar em tornar seus momentos de êxtase permanentes, você já começou a destruí-los. Quando eles acontecerem, seja grato. Quando se forem, agradeça à existência. Permaneça aberto. Isso acontecerá muitas vezes, não faça julgamentos, não faça escolhas. Permaneça neutro, sem escolhas.

Sim, haverá momentos em que você se sentirá infeliz. E daí? Existem pessoas que são infelizes e nunca conheceram um único momento de êxtase: você é afortunado. Mesmo em sua infelicidade, lembre-se de que ela não será permanente, ela também passará, então não se preocupe muito com isso. Fique tranquilo. Assim como há o dia e a noite, também há momentos de alegria e de tristeza. Aceite isso como parte da dualidade da natureza, como o jeito como as coisas são.

E você é simplesmente um observador: não se torne nem a felicidade nem a infelicidade. A felicidade vem e passa, a infelicidade vem e passa. Uma coisa continua sempre presente: aquele que observa, aquele que testemunha. Aos poucos, fique cada vez mais centrado no observador. Dias e noites virão... vidas e mortes virão... sucesso e fracasso vão ocorrer. Mas, se você estiver centrado no observador, pois essa é a única realidade em você, tudo mais será um fenômeno passageiro.

Só por um instante, tente sentir o que estou dizendo: seja apenas um observador... Não se apegue a nenhum momento pelo fato de ele ser belo e não fuja de nenhum momento pelo fato de ele ser infeliz. Pare com isso. Você vem fazendo isso há muitas vidas. Nunca teve sucesso e jamais terá.

A única maneira de ir além, de permanecer além, é encontrar um lugar de onde possa observar todos esses fenômenos passageiros sem se identificar com eles.

Vou contar uma antiga história sufi...

Um rei perguntou aos sábios da corte: "Mandei fazer um anel belíssimo para mim. Consegui um dos melhores diamantes do mundo. Quero manter, escondido dentro do anel, uma mensagem que possa me auxiliar num momento de completo desespero. Terá que ser bem pequena para que possa ficar oculta sob o diamante do anel".

Todos os sábios estavam reunidos, todos os grandes eruditos. Poderiam escrever grandes tratados. Mas oferecer ao rei uma mensagem com apenas duas ou três palavras, que pudesse ajudá-lo num momento de completo desespero, isso era outra história... Eles pensaram, procuraram nos livros, mas não conseguiram encontrar nada.

O rei tinha um antigo servo que era quase como seu pai. Ele já tinha servido também ao pai dele. A mãe do rei havia morrido cedo, e esse servo tinha cuidado dele, por isso ele não era tratado como um empregado. O rei tinha imenso respeito por ele.

O velho disse, "Não sou um sábio, um erudito, versado em muitos assuntos, mas sei qual é a mensagem, pois só existe uma única mensagem. E essas pessoas não podem dá-la a você. Ela só pode ser dada por um místico, por um homem que tenha realizado a si mesmo.

Em minha longa vida no palácio, encontrei todo tipo de pessoa e, uma vez, um místico. Ele também era um hóspede do seu pai e fui designado para servi-lo. Quando ele estava para partir, como um gesto de agradecimento por todos os meus serviços, ele me deu essa mensagem" – e o servo a escreveu num pedacinho de papel, depois dobrou o papel e disse ao rei, "Não leia agora, apenas a mantenha guardada dentro do anel. Só leia esta mensagem quando não restar alternativa, quando não houver mais saída".

E essa hora não demorou a chegar. O país foi invadido, e o rei perdeu seu reino. Ele estava fugindo em seu cavalo para não perder a vida, e os inimigos estavam a galope, em seu encalço.

Ele estava sozinho, e eles eram muitos. Então ele chegou a um ponto em que a estrada acabava, num lugar sem saída, onde só havia um despenhadeiro e um vale profundo. Cair dali seria o fim. Ele não podia retornar, o inimigo estava se aproximando, e ele já podia ouvir o som dos cascos dos cavalos. Não podia avançar, não havia alternativa...

Então, ele se lembrou do anel. O rei o abriu, tirou o papel, e ali havia uma pequena mensagem de enorme valor, que simplesmente dizia, "Isso também vai passar". Um grande silêncio recaiu sobre ele enquanto lia a frase: isso também vai passar. E passou.

Tudo passa, nada permanece eternamente neste mundo. Os inimigos que o seguiam devem ter se perdido na floresta, devem ter pego o caminho errado. O tropel dos cavalos se afastou aos poucos, até que não foi possível mais ouvi-lo.

O rei ficou imensamente agradecido ao servo e ao místico desconhecido. Aquelas palavras tinham provado ser milagrosas. Ele dobrou o papel, colocou-o de volta no anel, reuniu seus exércitos e reconquistou seu reino. Quando voltou à capital, vitorioso, havia uma grande celebração por toda a cidade, com música e dança, e ele ficou muito orgulho de si mesmo.

O velho serviçal caminhava ao lado da sua carruagem. Ele disse, "Essa também é uma boa oportunidade: leia de novo a mensagem".

O rei falou: "O que você quer dizer? Agora sou vitorioso, o povo está celebrando, não estou desesperado, não estou numa situação sem saída".

O velho servo respondeu, "Escute. Foi isso que o santo disse para mim: esta mensagem não é só para os momentos de desespero, também é para os de grande alegria. Ela não serve apenas para os momentos em que se sente derrotado; também é para aqueles em que é vitorioso. Não apenas para quando você for o último, mas também para quando for o primeiro".

O rei abriu o anel e leu a mensagem: "isso também vai passar", e de repente a mesma paz, o mesmo silêncio no meio da multidão que celebrava alegre, dançando... Mas o orgulho, o ego, tinha se dissipado.

Tudo passa.

Ele pediu ao servo que se aproximasse mais da carruagem e se sentasse a seu lado. Perguntou: "Há mais alguma coisa? Tudo passa... Sua mensagem me ajudou muito". O velho servo disse, "A terceira coisa que o santo me disse foi: lembre-se, tudo passa. Só você permanece. Você permanece para sempre como uma testemunha".

Tudo passa, mas você permanece. Você é a realidade, e todo o resto é somente um sonho.

Belos sonhos, pesadelos... Mas não importa se é um belo sonho ou um pesadelo; o que importa é aquele que está vendo o sonho. Aquele que vê é a única realidade.

36-37 Os Portões do Inferno / Os Portões do Céu

O Orgulho do Samurai

O céu e o inferno não são locais geográficos, são psicológicos, são a sua psicologia. O céu e o inferno não estão no final de sua vida, estão aqui e agora. A cada momento, as portas se abrem, a todo momento você fica oscilando entre o céu e o inferno. É uma questão de momento, é urgente; num único momento, você pode sair do inferno e entrar no céu, sair do céu e ir para o inferno.

Ambos estão dentro de você. Os portões estão bem próximos um do outro: com a mão direita você pode abrir um, com a mão esquerda você pode abrir o outro. Basta uma simples mudança na sua mente, seu ser se transforma. Do paraíso para o inferno e do inferno para o paraíso. Sempre que você age inconscientemente, sem consciência, está no inferno. Sempre que você está consciente, quando age com plena atenção, está no céu.

O mestre zen Hakuin é um daqueles raros florescimentos. Um guerreiro foi vê-lo, um samurai, um grande soldado, e perguntou: "Existe um inferno, um céu? Se há um céu e um inferno, onde ficam os portões? Por onde posso entrar? Como posso evitar o inferno e escolher o céu?".

Ele era um simples guerreiro. Um guerreiro sempre é simples, do contrário não poderia ser um guerreiro. Um guerreiro só conhece duas coisas: a vida e a morte. A vida dele está sempre em jogo, está sempre em risco. Ele era um homem simples. Não tinha ido aprender uma doutrina. Ele queria apenas saber onde estavam os portões, para que pudesse evitar o inferno e entrar no paraíso.

E Hakuin respondeu de um jeito que só um guerreiro podia entender. O que fez Hakuin? Ele perguntou, "Quem é você?". E o guerreiro respondeu: "Sou um samurai". No Japão, ser um samurai é uma grande honra. Significa ser um guerreiro perfeito, um homem que não hesita um único instante em sacrificar a própria vida. Para ele, vida e morte são apenas um jogo.

Ele disse, "Sou um samurai. Sou o líder dos samurais. Até mesmo o imperador me respeita".

Hakuin riu e falou, "Você, um samurai? Mais parece um mendigo".

O orgulho do samurai foi ferido; seu ego, pisoteado. Ele se esqueceu por que tinha ido até ali, puxou a espada e estava prestes a matar Hakuin. Esqueceu que tinha ido até aquele mestre para perguntar onde estava o portão do céu e o portão do inferno. Hakuin riu e disse, "Esse é o portão do inferno. Com essa espada, essa raiva, esse ego, assim se abre o portão". Isso é algo que um guerreiro pode entender. Ele imediatamente compreendeu: esse é o portão. Ele guardou a espada.

E Hakuin prosseguiu, "Aí está o portão do céu". O céu e o inferno estão dentro de você, ambos os portões estão em você. Quando você se comporta inconscientemente, abre o portão do inferno. Quando você está alerta e consciente, abre o portão do céu.

O que aconteceu a esse samurai? Quando ele estava prestes a matar Hakuin, estava consciente? Estava consciente do que ia fazer? Estava ele consciente do que tinha ido fazer ali? Toda consciência havia desaparecido. Quando o ego toma o controle, você não pode permanecer alerta. O ego é a droga, o tóxico que lhe torna completamente inconsciente. Você age, mas a ação procede do inconsciente, não da consciência. E, sempre que algum ato procede do inconsciente, o portão do inferno é aberto. O que quer que faça, se você não estiver consciente do que está fazendo, o portão do inferno se abre. Imediatamente o samurai ficou alerta. De repente, quando Hakuin disse "Este é o portão, você já o abriu", a própria situação deve ter propiciado o estado de alerta. Por pouco, a cabeça de Hakuin não foi decepada.

Um momento mais e ela teria sido separada do corpo. E Hakuin falou, "Esse é o portão do inferno". Essa não é uma resposta filosófica. Nenhum mestre responde de um modo filosófico. A filosofia só serve para os medíocres, para as mentes não iluminadas. O mestre responde, mas a resposta não é verbal, é total. O fato de que esse homem podia tê-lo morto não é a questão. "Se você me matar e isso deixá-lo alerta, então valerá a pena." Hakuin arriscava todas as cartas.

Isso deve ter acontecido com o guerreiro: parado, espada em punho, com Hakuin bem diante dele – os olhos de Hakuin sorridentes, a face risonha e o portão do inferno aberto –, ele entendeu: a espada voltou para a bainha. Enquanto guardava a espada, ele deve ter ficado totalmente silencioso, em paz. A raiva tinha desaparecido, e a energia que se manifestava em raiva tornou-se silenciosa. Se você, de repente, desperta em meio à raiva, sente uma paz que nunca sentiu antes. A energia está se movendo e, de repente, para – você terá silêncio, silêncio imediato. Você vai mergulhar no seu ser interior, e a queda será tão repentina que você ficará consciente. Não é uma queda lenta. É tão repentina que você não consegue permanecer inconsciente. Você só pode ficar inconsciente nas suas tarefas rotineiras, nas coisas graduais. Você se move tão lentamente que não pode sentir o movimento. Esse movimento foi repentino – da atividade para a não atividade, do pensar para o não pensar, da mente para a não mente. Enquanto a espada voltava para a bainha, o guerreiro compreendeu. E Hakuin disse, "Esse é o portão do paraíso". O silêncio é a porta. A paz interior é a porta. A não violência é a porta. O amor e a compaixão são as portas.

38 Transmutação

A Meditação do Coração de Atisha

A dor é natural. Precisa ser entendida, aceita. É claro que, naturalmente, temos medo da dor e tentamos evitá-la. Por isso muitas pessoas evitam o coração e se fixam na mente, vivem na mente. O coração traz dor, é verdade, mas apenas porque também pode trazer prazer – e é por isso que traz dor. A dor é o caminho pelo qual chega o prazer, e a agonia é a porta pela qual entra o êxtase.

Se a pessoa estiver consciente disso, ela aceita a dor como uma bênção. Então a qualidade da dor começa a mudar, no mesmo instante. Você não a combate mais e, por causa disso, ela deixa de ser dor e passa a ser uma amiga. É um fogo que irá purificá-lo. É uma transmutação, um processo, no qual o velho partirá e o novo chegará; no qual a mente desaparecerá e o coração viverá em sua plenitude. Então a vida se torna uma bênção.

Experimente o seguinte método de Atisha:

Quando inspirar, pense que está inspirando todas as tristezas de todas as pessoas do mundo. Toda a escuridão, toda a negatividade, todo o inferno que existe em toda parte, você está colocando dentro de você. E deixe que isso seja absorvido por seu coração.

Você pode já ter lido ou ouvido falar sobre pessoas que propagam o "pensamento positivo" no Ocidente. Elas dizem justamente o contrário, mas não sabem o que estão dizendo. Elas dizem: "Quando você expirar, coloque para fora toda a sua tristeza e a sua negatividade. Ao inspirar, inspire a felicidade, a positividade, a alegria".

O método de Atisha é o oposto disso: quando inspirar, inspire toda as tristezas e o sofrimento do mundo – do passado, do presente e do futuro. E, quando inspirar, deixe sair toda a alegria, toda bem-aventurança, toda bênção que tiver. Expire e derrame seu ser na existência. Esse é o método da compaixão: absorva o sofrimento e derrame todas as bênçãos.

Você ficará surpreso ao fazer isso. No momento em que aceitar os sofrimentos do mundo dentro de si, não serão mais sofrimentos. O coração transforma a energia imediatamente. O coração é uma força transformadora: absorva o sofrimento e ele será transformado em contentamento... depois irradie esse contentamento para fora.

Quando aprender que seu coração pode fazer essa mágica, esse milagre, você será capaz de fazê-lo sempre que quiser. Experimente. É um dos métodos mais práticos; é simples e traz resultados imediatos. Faça isso hoje e veja.

Essa é uma das abordagens de Buda e de todos os seus discípulos. Atisha é um dos seus discípulos e segue a mesma tradição, a mesma linha. Buda sempre dizia para seus discípulos: "*Ihi passiko*", ou seja, "Venham e vejam!". São pessoas que têm uma abordagem científica. O Budismo é a religião mais científica do planeta e por isso está conquistando cada vez mais pessoas no mundo. À medida que o mundo vai ficando mais inteligente, Buda se torna cada vez mais importante. É assim que deve ser. Quanto maior o número de pessoas que se interessam pela ciência, maior é o apelo de Buda. Ele convence a mente científica, porque diz, "Qualquer coisa que eu esteja dizendo pode ser colocada em prática". Não digo a você: "Acredite em mim". Eu digo: "Experimente isso e somente depois, se você sentir o mesmo, acredite no que digo. Do contrário, não precisa acreditar".

Experimente este belo método de compaixão: absorva todas as tristezas e irradie toda a alegria.

39 ENERGIA

O Homem com uma Coroa de Dedos

Ou você transforma sua energia em algo criativo ou ela vai se tornar ácida e destrutiva. A energia é uma coisa perigosa – se você a tiver, tem que a usar de forma criativa, caso contrário, mais cedo ou mais tarde, vai perceber que ela se tornou destrutiva. Então encontre algo, o que preferir, em que possa usar a sua energia. Se quiser, pinte; ou, se preferir, dance ou cante, ou então toque um instrumento... Seja o que for que você queira, encontre uma maneira de se entregar completamente.

Se você conseguir um momento de entrega tocando violão, ótimo! Nesses momentos em que estiver entregue, sua energia será liberada de forma criativa. Se não conseguir se entregar por meio da pintura, da dança, de um violão ou de uma flauta, então encontrará formas mais inferiores para se entregar: ira, raiva, agressividade. Essas são formas mais mundanas de você se entregar.

Buda Gautama iniciou um assassino no *sannyas* – e ele não era um assassino comum. Rudolf Hess não é nada comparado a ele. Seu nome era Angulimal. Angulimal significa "o homem que usa uma coroa de dedos humanos".

Ele tinha jurado a si mesmo que mataria mil pessoas. De cada pessoa que matasse, pegaria um dedo, para lembrar quantos já havia matado, e faria uma coroa com todos esses dedos. Em sua coroa, já havia 999 dedos, faltava apenas um. E lhe faltava esse último dedo porque a estrada em que se encontrava estava fechada para que ninguém passasse por lá. Mas Buda Gautama seguiu pela estrada fechada. O rei havia posto guardas para que ninguém seguisse por esse caminho, sobretudo estrangeiros, que não sabiam que havia um homem perigoso morando atrás das colinas. Os guardas avisaram Buda, "Ninguém deve usar essa estrada, pois é o local onde Angulimal mora. Nem mesmo o rei ousa passar por ela, pois esse homem é completamente louco".

A mãe de Angulimal costumava ir visitá-lo. Ela era a única pessoa que ia vê-lo de vez em quando, mas até mesmo ela havia deixado de ir. A última vez que ela estivera lá, ele lhe disse: "Agora preciso de apenas um último dedo, e só porque você é minha mãe... Quero avisá-la de que, se você vier mais uma vez, pode não voltar para casa. Preciso desesperadamente desse último dedo. Até agora não matei você porque havia outras pessoas ao meu alcance, mas agora ninguém mais passa por esta estrada a não ser você. Então quero avisá-la de que, se vier mais uma vez, a responsabilidade será sua, não minha". E desde então a mãe dele não havia mais voltado. Os guardas disseram a Buda que ele não deveria correr esse risco desnecessário.

E você sabe o que Buda disse a eles? Ele disse, "Se eu não for, quem mais irá? Só há duas alternativas: ou conseguirei transformá-lo – e não posso deixar de enfrentar esse desafio – ou então darei a ele o último dedo que deseja. Vou morrer um dia, isso é certo. Dar minha cabeça a Angulimal pelo menos será de alguma utilidade. Do contrário, vou morrer e vocês me colocarão numa pira funerária. Creio que é melhor realizar o desejo de alguém e dar a essa pessoa paz interior. Então ele me matará ou eu o matarei, mas esse encontro precisa acontecer; só me levem até lá".

As pessoas que costumavam seguir Buda Gautama, seus companheiros mais próximos, que em geral competiam para ver quem ficava mais perto dele, começaram a diminuir o passo. Logo havia quilômetros entre Buda e seus discípulos. Todos queriam ver o que iria acontecer, mas não queriam chegar muito perto.

Angulimal estava sentado numa pedra, assistindo tudo. Ele não podia acreditar nos próprios olhos. Um homem belíssimo, com um enorme carisma, estava vindo em sua direção. Quem poderia ser aquele homem? Ele nunca tinha ouvido falar de Buda, mas até mesmo o coração duro de Angulimal começou a sentir uma certa ternura por ele. Era tão bonito e estava vindo em sua direção... Era de manhã cedo, havia uma leve brisa, o sol estava se levantando no horizonte... Os pássaros cantavam e as flores desabrochavam. Enquanto isso, Buda se aproximava.

Por fim, Angulimal, empunhando a espada, disse, "Pare!". Buda estava apenas a alguns metros, e Angulimal falou, "Não dê nem mais um passo, do contrário não me responsabilizo pelos meus atos. Talvez você não saiba quem sou!".

Buda perguntou, "Você sabe quem é?".

Angulimal respondeu, "Não é o que importa. E esse não é o local nem a hora para discutir esse tipo de coisa. Sua vida está em perigo!".

Buda disse, "Eu penso de outra forma – é a sua vida que está em perigo".

O homem falou, "Eu costumava achar que eu era maluco, mas na verdade o maluco é você. E você continua se aproximando. Então não diga que matei um homem inocente. Você parece tão inocente e tão belo que gostaria que você voltasse. Encontrarei outra pessoa. Posso esperar, não há pressa. Se já liquidei 999... É apenas uma questão de tempo até encontrar mais um... Mas não me force a matá-lo".

Buda chegou muito perto, e as mãos de Angulimal tremiam. Ele era tão belo, tão inocente, parecia uma criança! Ele já estava enamorado... Tinha matado tantas pessoas e nunca sentira essa fraqueza. Nunca havia compreendido o que era o amor. Pela primeira vez estava cheio de amor. Assim havia uma contradição: a mão segurava a espada para matar a pessoa, mas o coração dizia: "Baixe a espada".

Buda disse, "Estou pronto, mas por que sua mão está tremendo? Você é um grande guerreiro, até o rei tem medo de você, e eu sou um pobre pedinte. Exceto pela tigela de esmolas, nada tenho. Você pode me matar e ficarei imensamente satisfeito que ao menos minha morte servirá para realizar os desejos de alguém. Minha vida foi útil, minha morte também terá sido útil. Mas, antes que você corte minha cabeça, tenho um pequeno desejo, e acho que você me concederá esse pedido antes de me matar".

Diante da morte, até o mais implacável inimigo está disposto a conceder um último pedido. Angulimal perguntou: "O que você quer?".

Buda respondeu, "Quero que você corte da árvore um galho cheio de flores. Nunca mais verei estas flores, então quero admirá-las bem de perto, sentir seu perfume e sua beleza sob esse sol da manhã, em toda sua glória".

Então Angulimal cortou, com a espada, um galho inteiro cheio de flores. E, antes que pudesse entregá-lo, Buda disse, "Esse era apenas metade do pedido. A outra metade é: por favor, agora coloque o galho de volta na árvore".

Angulimal falou, "Desde o início achei que você era maluco. Esse é o desejo mais louco que já ouvi. Como posso colocar esse galho de volta?".

Buda disse, "Se você não pode criar, não tem o direito de destruir. Se não pode dar vida, não tem o direito de tirá-la".

Houve um momento de silêncio e transformação... A espada caiu das mãos do homem. Angulimal se jogou aos pés de Buda e disse, "Não sei quem você é, mas, seja quem for, leve-me com você. Me inicie".

A essa altura, os seguidores de Buda já tinham se aproximado. Estavam à volta dele e, quando Angulimal se jogou aos pés de Buda, eles se aproximaram imediatamente. Alguém disse, "Não inicie esse homem, ele é um assassino!".

Buda falou mais uma vez: "Se eu não o iniciar, quem fará isso? E eu amo esse homem. Amo sua coragem. E posso ver um enorme potencial nele: um único homem lutando contra o mundo inteiro. É esse tipo de pessoa que procuro, alguém que possa enfrentar o mundo todo. Até agora ele enfrentou o mundo com uma espada, agora irá enfrentar com a consciência, algo muito mais afiado que qualquer espada. Eu disse a vocês que um assassinato iria ocorrer, mas não estava claro quem seria assassinado – eu ou Angulimal. Agora vocês podem ver que Angulimal foi assassinado. E quem sou eu para julgar?

40 TOTALIDADE

"Basta uma Simples Agulha..."

> Ninguém é uma ilha, somos todos parte de um vasto continente. Existem diferenças, mas isso não faz de nós seres separados.
>
> A variedade torna a vida mais rica – uma parte de nós está no Himalaia, outra parte nas estrelas, outra parte nas rosas. Uma parte de nós está no pássaro em pleno voo, outra parte está nas folhas verdes das árvores. Estamos espalhados por toda parte.
>
> Experimentar isso como uma realidade vai transformar toda a sua abordagem em relação à vida, vai transformar cada um dos seus atos, vai transformar seu próprio ser.

Conta-se que um rei uma vez foi visitar o grande místico sufi Farid. Ele havia levado um presente para o místico, uma bela tesoura, feita de ouro e cravejada com diamantes – muito valiosa, muito rara. O rei tocou os pés de Farid e deu a ele a tesoura. Farid pegou-a, olhou para ela e a devolveu ao rei dizendo: "Senhor, agradeço profundamente o presente que me trouxe. É lindo, mas absolutamente inútil para mim. Seria melhor se pudesse me dar uma agulha. Não preciso de tesoura, uma agulha basta. O rei falou, "Eu não compreendo. Se precisa de uma agulha, vai precisar de uma tesoura também".

Farid disse: "Estou falando em metáforas. Não preciso de uma tesoura, pois ela serve para cortar e separar as coisas. Preciso de uma agulha, porque a agulha junta as coisas. Eu ensino o amor. Todo meu ensino está baseado no amor – juntar as coisas, ensinar as pessoas sobre a comunhão. Preciso de uma agulha para que possa juntar as pessoas. As tesouras são inúteis. Elas cortam, desconectam. Da próxima vez que vier, uma agulha comum bastará".

A lógica é como a tesoura: ela corta, divide as coisas. A mente é uma espécie de prisma – passe um raio de luz branca por ele e imediatamente o raio será dividido em sete cores. Faça qualquer coisa passar pela mente e você terá uma dualidade. A vida e a morte não são "a-vida-e-a-morte", a realidade é "vidamorte". Deveria ser uma única palavra, não duas, e nem mesmo ter hífen entre elas. Vidamorte é um fenômeno. Amoródio é um fenômeno.

Escuridãoluz é um fenômeno. Negativopositivo é um fenômeno. No entanto, ao passar esse fenômeno único pela da mente, o que é uno é imediatamente dividido em dois. Vidamorte se torna vida e morte; não apenas são divididas, como a morte passa a se opor à vida. Viram inimigas. Agora, você pode ficar tentando fazer com que as duas se encontrem, mas elas nunca vão se encontrar.

Kipling está certo: "O Oriente é o Oriente e o Ocidente é o Ocidente e nunca os dois vão se encontrar". Em termos de lógica, é verdade. Como o Oriente pode encontrar o Ocidente? Como o Ocidente pode encontrar o Oriente? Mas, existencialmente, não faz o menor sentido. Eles se encontram o tempo todo. Por exemplo, se você está sentado na Índia, está no Oriente ou no Ocidente? Em relação a Londres, será Oriente. Mas, em relação a Tóquio, será Ocidente. Então, o que são, exatamente, Oriente e Ocidente? Em cada ponto os dois se encontram, e ainda assim Kipling diz, "Nunca os dois vão se encontrar". Mas os dois estão se encontrando o tempo todo. Não há um único ponto onde não haja, ao mesmo tempo, Ocidente e Oriente e não há um único homem no qual eles não se encontrem. Não pode ser de outra forma: eles têm que se encontrar – só existe uma realidade, um único céu.

41 FRACASSO

O Segredo Revelado do Verdadeiro Sucesso

Quando é manhã, é de manhã. Quando é noite, é de noite. Não há escolha. Abandone a escolha e você estará livre em todos os lugares: a liberdade só existe quando não se escolhe. Então, quando é jovem, você é muito belo; quando é criança, você é muito belo; quando está velho, é muito belo; e, quando está morrendo, é também muito belo – porque você nunca está separado do todo; você é uma onda no mar.

A onda no mar pode começar a pensar em si mesma como um indivíduo separado e, nesse caso, ela vai criar um problema. A onda no mar nunca pensa que está separada, por isso, aonde quer que o oceano a leve, ela segue, alegremente, dançando, naquela direção.

Uma canção do místico Kabir:

Falo com o meu amante interior e digo, por que tanta pressa? Sentimos que há um tipo de espírito que ama os pássaros e os animais e as formigas... Talvez o mesmo que lhe deu brilho quando estava no ventre da sua mãe. Seria lógico que você agora vagasse por aí completamente órfão? A verdade é que você mesmo foi embora e decidiu mergulhar sozinho na escuridão. Você agora está emaranhado com os outros e se esqueceu do que já sabia, e é por isso que tudo que faz tem uma estranha aura de fracasso.

As coisas acontecem quando tem que acontecer, as coisas vão acontecer quando tiverem que acontecer. Tudo vai ficar bem, basta confiar. Lembre-se da diferença. O teólogo dirá: "Creia no conceito de Deus". O místico dirá que não precisa acreditar no conceito de Deus, apenas sentir a harmonia da existência. Não é um conceito, não é uma crença; você pode sentir isso, está em toda parte. É quase tangível.

No momento em que você pensa que está em comunhão com o todo, um relaxamento acontece; uma repentina entrega acontece. Não há necessidade de se conter, você pode relaxar. Não há necessidade de continuar tenso, porque você não tem que atingir nenhum objetivo pessoal. Você flui com

Deus. O objetivo de Deus é o seu objetivo, o destino dele é o seu destino. Você não tem um destino particular; o destino particular cria problemas.

Você já não viu acontecer na sua vida? Qualquer coisa que faça vira um fracasso. E você ainda não viu o X da questão; acha que não fez o que deveria ter feito e por isso fracassou. Então você se dedica a outro projeto e fracassa outra vez. Então começa a pensar que não é habilidoso o bastante, por isso aperfeiçoa suas habilidades e fracassa novamente. E então pensa, "O mundo está contra mim" ou "O destino está contra mim" ou "Sou vítima de pessoas invejosas". Você continua a encontrar explicações para seus fracassos, mas nunca descobre a verdadeira razão.

Kabir diz que o fracasso é resultado de uma equação: você menos Deus. Esse é o entendimento de Kabir. O fracasso é igual a você menos Deus, e o sucesso é igual a você mais Deus. E, lembre-se, quando eu digo "Deus" não me refiro a uma pessoa sentada lá em cima, em algum lugar no céu, mas ao espírito cósmico. Sinta o espírito cósmico, o Tao, a lei que permeia toda a existência – da qual você nasceu e a qual um dia retornará.

42 PREOCUPAÇÃO

A Velha Senhora no Ônibus

> Você já notou uma coisa? O presente é sempre saboroso, o presente é sempre um êxtase. A preocupação e o sofrimento são criados ou pelo que você queria fazer no passado e não fez ou pelo que você quer fazer no futuro e não sabe se conseguirá. Você já parou para pensar, já prestou atenção nessa pequena verdade, de que não existe sofrimento no presente, nenhuma preocupação? É por isso que o presente não perturba a mente – é a ansiedade que perturba a mente. Não há sofrimento no presente. O presente não conhece o sofrimento, o presente é um momento tão pequeno que o sofrimento não tem como caber nele. No presente, só cabe o céu, não cabe o inferno. O inferno é muito grande! O presente só pode ser paz, só pode ser felicidade.

Ouvi dizer que uma velha senhora estava andando de ônibus, muito ansiosa, preocupada, perguntando, cada vez que paravam, em que ponto do trajeto estavam.

O passageiro ao lado dela falou, "Relaxe, não se preocupe. O motorista vai anunciar cada parada, mas, se você estiver muito preocupada, eu o chamarei aqui. Você pode dizer a ele onde quer descer, assim ele fica avisado. E você pode relaxar!".

Ele chamou o motorista e a mulher pediu, "Por favor, me avise, eu não posso perder minha parada. Preciso chegar com muita urgência".

O motorista respondeu, "Está bem, vou prestar atenção, embora, mesmo sem o seu pedido, eu anuncie cada parada; mas vou tomar cuidado, virei até a senhora e avisarei quando sua parada chegar. Relaxe, não se preocupe!".

Ela estava transpirando e tremendo, parecia muito tensa. Então ela disse, "Certo, preste atenção, preciso descer no ponto final".

Ora, se precisa descer no ponto final, por que se preocupar? Como você poderia deixar passar o ponto final? Não há como perdê-lo!

No momento em que você descansa, na hora em que relaxa, você sabe que a existência já entrou em movimento, está buscando algo maior, picos mais altos. E você é parte dela. Não precisa ter suas próprias ambições.

Isso é relaxamento: descansar, deixar de lado todos os objetivos pessoais, deixar de lado a mente que deseja alcançar metas, todas as projeções do ego. E assim a vida torna-se um mistério. Seus olhos ficarão maravilhados; seu coração, pleno de assombro.

Não vamos nos tornar nada – nós já somos. Essa é a essência da mensagem daqueles que despertaram: você não tem que alcançar coisa alguma, isso já lhe foi concedido. É a dádiva de Deus. Você já está onde deveria estar, não poderia estar em outro lugar. Não há lugar nenhum para ir nem coisa alguma a atingir. Portanto, você pode celebrar. Não há pressa, nada com que se preocupar, nenhuma ansiedade, nenhuma angústia, nenhum medo de fracasso. Você não tem como fracassar. Pela própria natureza das coisas, o fracasso é impossível, pois não se trata de ser bem ou malsucedido.

43 PENSAMENTOS DESEJOSOS

A Parábola da Árvore dos Desejos

> Aquele que pensa cria seus pensamentos – essa é uma das verdades mais fundamentais a se compreender. Tudo aquilo que você vivencia é criação sua. Primeiro você cria, depois vivencia, depois fica preso na experiência – porque não sabe que a fonte de tudo está em você.

Uma vez um homem estava viajando e entrou acidentalmente no paraíso. No conceito indiano de paraíso, há árvores que realizam desejos, as *kalpatarus*. Basta se sentar debaixo delas, desejar alguma coisa e imediatamente o desejo se realiza – não há qualquer intervalo entre o desejo e a realização. Você pensa e imediatamente aquilo se concretiza; o pensamento se realiza no mesmo instante. Essas *kalpatarus* nada mais são que um símbolo da mente. A mente é criativa, criativa com seus pensamentos.

O homem estava cansado; assim, ele adormeceu debaixo de uma árvore dos desejos. Quando acordou, estava com muita fome, então disse, "Queria conseguir comida em algum lugar". E imediatamente a comida apareceu do nada – flutuando à sua frente, com um aroma delicioso. Ele começou a comer e, quando estava se sentindo satisfeito, outro pensamento surgiu em sua mente: "Se pudesse conseguir algo para beber...". Nada é proibido no paraíso, então, imediatamente, um precioso vinho apareceu.

Bebendo vinho, relaxando na brisa fresca do paraíso, à sombra da árvore, ele começou a imaginar: "O que está acontecendo? Fui parar dentro de um sonho ou há fantasmas aqui me pregando peças?". Então fantasmas apareceram! Ferozes, terríveis, repugnantes. O homem começou a tremer e pensou: "Agora com certeza vou morrer. Esses fantasmas vão me matar!".

E ele foi morto.

Essa parábola é muito antiga e tem um imenso significado. Sua mente é uma árvore dos desejos; o que você imaginar será realizado mais cedo ou mais tarde. Às vezes a demora é tão grande que você se esquece completamente que havia desejado aquilo muito tempo antes. Algumas vezes a demora é de alguns anos, ou de algumas vidas, então você não consegue identificar a fonte. No entanto, se olhar bem fundo, vai descobrir que seus desejos estão criando você e a sua vida. Eles criam seu inferno e criam seu paraíso. Criam sua infelicidade, criam sua felicidade. Criam o negativo e o positivo. Todas as pessoas são mágicas e tecem um mundo mágico em torno de si, ficando depois emaranhadas nele – a aranha presa na própria teia.

Uma vez que isso tenha sido compreendido, as coisas começam a mudar. Você pode começar a brincar: pode transformar seu inferno num paraíso, é apenas uma questão de desenhá-lo numa versão diferente. Ou, se estiver realmente fascinado pela infelicidade, pode criar mais ainda, até que seu coração fique cheio dela. Mas você nunca poderá se queixar, porque saberá que é sua própria criação, é sua pintura, você não poderá fazer com que ninguém se sinta responsável por isso. Então toda a responsabilidade será sua.

Surge, então, uma nova possibilidade: você pode deixar de criar o mundo, pode parar com isso. Não é necessário criar o paraíso e o inferno, não há necessidade alguma de criar. Aquele que cria pode relaxar, repousar.

Esse repouso da mente é a meditação.

44 DESEJO

A Tigela de Esmolas Mágica

> Quando deseja algo, sua alegria depende disso. Se isso lhe for retirado, você se sente infeliz. Se o que deseja lhe for concedido, você ficará feliz, mas só por alguns instantes. Isso também precisa ser compreendido. Sempre que seu desejo é realizado, só por um instante você sente alegria. É uma alegria passageira, pois, assim que consegue o que quer, sua mente começa a desejar mais, desejar outras coisas. A mente existe no ato de desejar e, portanto, a mente nunca pode deixá-lo sem desejos. Se você não estiver desejando nada, a mente morre no mesmo instante. Esse é todo o segredo da meditação.

Um mendigo bate à porta do palácio do imperador de manhã cedo. O imperador estava saindo para passear por seu lindo jardim e não havia nenhum guarda com ele para impedir o mendigo de se aproximar.

O imperador falou, "O que você quer?".

O mendigo respondeu: "Antes de perguntar, pense duas vezes!".

O imperador nunca tinha visto um homem tão corajoso! O imperador havia travado guerras, conquistado vitórias, deixado claro que ninguém era mais poderoso do que ele, mas, subitamente, esse mendigo lhe dizia: "Pense duas vezes naquilo que está dizendo, pois você talvez não seja capaz de me dar o que quero".

O rei disse, "Não se preocupe, isso é problema meu. Diga apenas o que quer e seu desejo será satisfeito!". O mendigo falou, "Vê esta tigela de esmolas? Quero-a cheia! Não importa com o quê, a única condição é que fique cheia. Você ainda pode dizer não, mas, se disser sim, estará correndo um risco".

O imperador riu. Era só uma tigela de esmolas!... E o mendigo o avisava para que tivesse cuidado? Ele ordenou a seu primeiro-ministro que enchesse a tigela com diamantes, para que esse mendigo soubesse com quem estava falando.

O mendigo disse novamente: "Pense duas vezes".

E logo ficou claro que o mendigo estava certo, pois, no instante em que os diamantes foram colocados na tigela de esmolas, simplesmente desapareceram! Os boatos se espalharam rapidamente pela região. Milhares de pessoas vieram assistir ao milagre. Quando as pedras preciosas acabaram, o rei ordenou, "Tragam todo o ouro e toda a prata, tragam tudo! Todo o meu reino, toda a minha integridade está em jogo". Mas, no final da tarde, tudo havia desaparecido e tinham sobrado somente dois mendigos. Um deles era o imperador.

O imperador falou, "Antes que lhe peça perdão por não ter escutado seu aviso, por favor, me diga o segredo dessa tigela de esmolas".

O mendigo disse, "Não há nenhum segredo. Eu a poli, fiz com que se parecesse com um prato, mas na verdade é um crânio humano. Você pode colocar o que quiser aí dentro que vai desaparecer".

Essa história é significativa. Você já parou para pensar na sua própria tigela de esmolas? Tudo desaparece: poder, prestígio, reputação, riquezas. Tudo isso desaparece, e sua tigela de esmolas continua abrindo a boca e pedindo mais. E esse "mais" tira você do presente. Esse desejo lhe afasta deste momento.

Existem somente dois tipos de pessoas no mundo; a maioria corre atrás de sombras e suas tigelas de esmolas permanecerão vazias até que elas estejam no túmulo. Uma minoria bem pequena, uma pessoa em cada milhão, para de correr, põe de lado todos os desejos e não pede mais nada. E subitamente encontra tudo dentro de si.

45 VIVENDO PLENAMENTE

Alexandre, o Grande, Encontra Diógenes

Aqueles que dizem "Estamos esperando uma oportunidade" estão se enganando, não estão enganando ninguém a não ser eles mesmos. A oportunidade não irá surgir amanhã. Ela já chegou, esteve sempre presente. Esteve presente mesmo quando você não estava presente. A existência é uma oportunidade. Existir é a oportunidade.

Não diga: "Amanhã vou meditar, amanhã vou amar, amanhã vou ter um relacionamento exuberante com a existência". Por que amanhã? O amanhã nunca chega. Por que não agora? Por que adiar? O adiamento é um truque da mente; ele faz com que você continue cheio de esperanças e, enquanto isso, a oportunidade está escapando entre os seus dedos.

E, no final, você chegará ao derradeiro destino – a morte –, e não haverá mais oportunidades. Isso já aconteceu muitas vezes no passado. Você não é novo aqui. Você já nasceu e morreu muitas vezes. E, toda vez, a mente usou o mesmo truque, e você ainda não aprendeu.

Quando Alexandre, o Grande, estava a caminho da Índia, encontrou um homem estranho, Diógenes. Era uma manhã de inverno, uma brisa fresca soprava, e Diógenes estava deitado à margem do rio, tomando sol, nu. Era um belo homem. Quando a alma é bela, surge uma beleza que não é deste mundo. Ele nada tinha, nem mesmo uma tigela de esmolas, porque um dia ele estava indo para o rio com sua tigela de esmolas, para beber água, e viu um cachorro correndo para o rio. O cachorro pulou no rio e bebeu água. Então Diógenes riu e pensou: "Esse cachorro me ensinou algo. Se ele pode viver sem um tigela de esmolas, por que também não posso?". Então ele se desfez da sua tigela de esmolas e fez como o cachorro; pulou no rio e começou a beber água. Desde então não teve mais nada. E esse cachorro deve ter feito algo para Diógenes, pois eles se tornaram amigos; passaram a viver juntos.

Alexandre nunca tinha visto um homem tão gracioso, de tamanha beleza, algo que vinha de uma fonte desconhecida... Ele estava impressionado e disse, "Senhor...". Ele nunca tinha chamado ninguém de "senhor" em sua vida. Mas ele falou, "Estou muito impressionado com o seu ser e gostaria de fazer algo pelo senhor. Há algo que eu possa lhe fazer?".

Diógenes disse, "Apenas chegue um pouco para o lado, pois você está tapando o sol. Só isso. Não preciso de mais nada".

Alexandre comentou, "Se eu tiver outra chance de voltar à terra, pedirei a Deus que, em vez de me fazer Alexandre de novo, me faça Diógenes".

Diógenes riu e perguntou, "Quem o impede de fazer isso agora? Você pode se tornar um Diógenes. Para onde está indo? Há meses vejo exércitos circulando por toda parte. Para onde você está indo e por quê?".

Alexandre respondeu, "Estou indo para a Índia, pois pretendo conquistar o mundo inteiro".

"E depois disso, o que fará?", perguntou Diógenes.

E Alexandre disse, "Depois vou descansar".

Diógenes riu novamente e exclamou, "Você está louco! Estou descansando agora mesmo e não conquistei o mundo. Não vejo qual a necessidade disso. Quem lhe disse que, antes de descansar, precisa conquistar o mundo? E vou lhe dizer outra coisa: se você não descansar agora, nunca terá outra chance. Sempre haverá mais alguma coisa para ser conquistada, e o tempo passa rápido. Você vai morrer no meio de sua jornada. Todos morrem no meio da jornada".

Alexandre morreu de fato. Morreu no caminho, quando voltava da Índia. Nesse dia lembrou-se de Diógenes. Apenas Diógenes estava em sua mente – ele nunca conseguira descansar em sua vida, e aquele homem descansara.

46 A BUSCA

À Procura da Casa de Deus

> Reúna toda a sua coragem e mude tudo. Você continuará existindo, mas de uma forma tão nova que não conseguirá voltar à sua vida antiga. Haverá uma descontinuidade. A antiga vida era tão pequena, tão insignificante, tão mesquinha, e a nova é tão vasta! De uma gota de orvalho, você se torna um oceano. Porém, mesmo a gota de orvalho caindo da folha de lótus estremece por um instante, tenta se segurar um pouco mais, porque pode ver o oceano... Depois de cair da folha de lótus, ela terá desaparecido. Sim, de certo modo não existirá mais, pelo menos não como gota de orvalho. Mas não será uma perda. Ela terá se tornado oceânica.
>
> E todos os outros oceanos são limitados. Apenas o oceano da existência é ilimitado.

Falei muitas vezes sobre um lindo poema de Rabindranath Tagore. O poeta estava à procura de Deus havia milhões de vidas. Ele o viu algumas vezes, ao longe, ao lado de uma estrela, e começou a se mover naquela direção, mas, quando chegou à estrela, Deus tinha ido para outro lugar. Ainda assim, ele continuou a procurar, pois estava realmente determinado a encontrar a casa de Deus – e, para sua grande surpresa, um dia encontrou uma casa em cuja porta estava escrito: "Casa de Deus".

Você pode imaginar o contentamento dele, seu êxtase. O poeta subiu correndo os degraus e, na hora em que ia bater na porta, sua mão ficou paralisada. Pensou: "Se essa for mesmo a casa de Deus, então estou acabado, minha busca terminou. Me identifiquei com essa busca, não há nada mais que eu conheça. Se a porta se abrir e eu estiver diante de Deus, a busca terá terminado. O que farei depois?".

Ele começou a tremer de medo, tirou os sapatos e voltou a descer os magníficos degraus de mármore. Seu medo era que Deus abrisse a porta, mesmo sem que ele tivesse batido. Depois começou a correr o mais rápido que pôde. Achava que estivera correndo atrás de Deus o mais rápido possível, mas nesse dia correu ainda mais, e nunca olhou para trás.

O poema termina assim: "Estou em busca de Deus. Conheço sua casa, então evito passar por perto e procuro em todos os outros lugares. A empolgação é grande, o desafio é grande, e em minha busca continuo a existir. Deus é um perigo – eu seria aniquilado. Mas agora não tenho mais medo nem de Deus, pois sei onde ele mora. Então, evitando a casa dele, posso continuar procurando por ele em todo o universo. Lá no fundo sei que não é Deus que busco. Minha busca serve para alimentar meu ego".

Geralmente não se associa Rabindranath Tagore com religião. Mas apenas um homem religioso de grande experiência poderia ter escrito esse poema. Não se trata de um poema qualquer, ele contém uma grande verdade.

A situação é esta: a bem-aventurança não permite que você exista; você tem que desaparecer. É por isso que não vê muitas pessoas felizes pelo mundo. A infelicidade alimenta seu ego, e é por isso que há tantas pessoas infelizes neste mundo. O ponto central e básico é o ego.

Se você quer atingir a verdade suprema, precisa pagar o preço. E o preço nada mais é que abandonar o ego. Portanto, quando você se deparar com um momento assim, não hesite: desapareça, dançando... Com uma grande risada, desapareça. Com uma canção em seus lábios, desapareça.

47 ESPERANÇA

Perdido na Selva

> A alegria do amor só é possível se você tiver conhecido a alegria de estar sozinho, porque só então você terá algo para compartilhar. De outro modo, serão dois mendigos se encontrando, agarrando-se um ao outro, mas que não poderão viver em êxtase. Criarão infelicidade para ambos, porque um vai esperar em vão que o outro o preencha. E o outro estará esperando a mesma coisa. Não podem se completar.
>
> Ambos estão cegos, não podem ajudar um ao outro.

Ouvi contar de um caçador que se perdeu na selva. Por três dias ele não conseguiu encontrar ninguém para perguntar qual o caminho de volta; ele estava ficando cada vez mais assustado, entrando em pânico – três dias sem comer e com um medo constante dos animais selvagens. Durante três dias ele não conseguiu dormir; ficou trepado, com os olhos pregados, em alguma árvore, com receio de ser atacado. Havia cobras, leões e outros animais selvagens.

No quarto dia, de manhã cedo, ele viu um homem sentado debaixo de uma árvore. Você pode imaginar a alegria que sentiu. Ele correu, abraçou o homem e disse, "Que alegria!". O outro homem também o abraçou e ambos ficaram imensamente felizes. Depois perguntaram um ao outro, "Por que você está tão contente?". O primeiro respondeu, "Eu estava perdido e esperava encontrar alguém". E o outro falou, "Eu também estou perdido e esperava encontrar alguém. Mas, se nós dois estamos perdidos, então nossa felicidade é pura tolice. Agora estamos perdidos juntos!".

É isso o que acontece: você está sozinho, a outra pessoa está sozinha. Então vocês se encontram. Primeiro, acontece a lua de mel, o êxtase do encontro, o êxtase por não estarem mais sozinhos. Mas, dentro de três dias ou, se vocês forem inteligentes, dentro de três horas, depende de quanto forem inteligentes... Se forem tolos, vai levar mais tempo, pois pessoas tolas não aprendem. Caso contrário, uma pessoa inteligente pode perceber em três minutos... "O que estamos tentando fazer? Não vai funcionar! Essa outra pessoa está tão sozinha quanto eu. Agora vamos viver juntos, serão duas solidões juntas. Juntar duas feridas não faz com que elas se curem".

Somos partes uns dos outros, nenhum ser humano é uma ilha. Pertencemos a um continente invisível porém infinito. Nossa existência não tem limites.

Essas experiências, no entanto, só são vividas pelas pessoas que estão se autorrealizando, que estão num estado de amor tão grande consigo mesmas que podem fechar os olhos, ficar sozinhas e ainda assim ficar em êxtase absoluto. É disso que se trata a meditação.

Meditação significa ficar em êxtase em sua solidão. Mas, quando você encontra o êxtase em sua solidão, logo esse êxtase se torna tão grande que você não pode contê-lo. Ele começa a transbordar de você. E, quando começa a transbordar, torna-se amor. A meditação permite que o amor surja. E as pessoas que não conheceram a meditação jamais conhecerão o amor. Podem fingir que amam, mas não podem amar de fato. Apenas fingem, porque não têm nada para dar, não estão transbordantes. Amar é compartilhar. Mas antes que você possa compartilhar, você precisa ter algo para dar. A meditação deveria ser a primeira coisa. A meditação é o centro, o amor é a circunferência em torno dela. A meditação é a flor, o amor é o perfume.

48 DESAFIO

A Parábola do Fazendeiro e do Trigo

Ser infeliz significa que as coisas não estão de acordo com seus desejos. E as coisas nunca estão de acordo com seus desejos, não podem estar. As coisas apenas vão seguindo sua natureza.

Lao-Tsé chama essa natureza de Tao. Buda chama essa natureza de Dhamma. Mahavir definiu a religião como "a natureza das coisas". Nada pode ser perfeito. O fogo é quente e a água é fresca. O homem sábio é aquele que relaxa em relação à natureza das coisas, aquele que segue a natureza das coisas.

E, quando você segue a natureza das coisas, não há sombras a seu redor. Não há infelicidade. Até mesmo a tristeza é luminosa, até mesmo a tristeza tem sua beleza. Não digo que não haverá tristeza; ela existirá, mas não será sua inimiga. Você será capaz de ver sua graça e será capaz de ver por que ela existe e por que é necessária.

Contaram-me uma antiga parábola – deve ser bem antiga, porque Deus vivia na terra nessa época. Um dia um homem foi até ele, um velho fazendeiro, e disse, "Olhe, você pode ser Deus e pode ter criado o mundo, mas devo lhe dizer uma coisa: você não é fazendeiro. Não sabe nem o básico sobre as fazendas.

Deus perguntou, "Qual o seu conselho?".

O fazendeiro respondeu: "Me dê um ano, me deixe fazer as coisas do meu jeito e você verá o que vai acontecer. Não haverá mais pobreza!".

Deus estava disposto a tentar e deu um ano para o fazendeiro. Naturalmente, ele pediu apenas o melhor, só pensou no melhor: sem trovões, sem fortes ventanias, sem perigos para as plantações. Tudo era muito confortável, acolhedor, e ele estava muito feliz. O trigo estava crescendo muito! Quando ele queria sol, havia sol. Quando ele queria chuva, havia chuva, e tanta chuva quanto ele achasse necessário. Naquele ano tudo estava certo, matematicamente certo. Mas, na época da colheita, não havia grãos de trigo dentro da folha. O fazendeiro ficou surpreso e perguntou a Deus o que havia acontecido, o que havia saído errado.

Deus disse, "Como não houve dificuldades nem conflitos, nenhum atrito, como você evitou tudo aquilo que podia ser ruim, o trigo não germinou. É necessário que haja alguma dificuldade. As tempestades, os trovões, os raios, todos eles são necessários. Eles ativam a alma do trigo".

Essa parábola tem imenso valor. Se você só vive feliz, a felicidade perde todo o seu significado. Será como alguém que escreve com giz branco numa parede branca. Ninguém conseguirá ler o que foi escrito. É preciso escrever num quadro-negro para que as coisas se tornem claras. A noite é tão necessária quanto o dia. E os dias de tristeza são tão essenciais quanto os de alegria.

Chamo isso de compreensão. Uma vez que você tenha entendido isso, poderá relaxar; nesse relaxamento estará a entrega. Você dirá: "Seja feita a vossa vontade". Você dirá: "Faça o que achar mais correto. Se hoje forem necessárias nuvens, que venham nuvens. Não me ouça, minha compreensão é limitada. O que sei sobre a vida e seus segredos? Não me ouça! Continue agindo de acordo com a sua vontade".

E, bem aos poucos, quanto mais você perceber o ritmo da vida, o ritmo da dualidade, o ritmo da polaridade, mais irá parar de pedir, de escolher.

Esse é o segredo. Viva com esse segredo e veja a beleza. Viva com esse segredo e subitamente você será surpreendido: como é grande a bênção da vida! Quantas bênçãos se derramam sobre você a cada momento!

49 Amor

O Desafio do Rei aos Três Filhos

A semente nunca está em perigo, lembre-se disso. Que perigo haveria para a semente? Ela está completamente protegida. Mas a planta está sempre em perigo, a planta é muito delicada. A semente é como uma rocha, dura, protegida por uma grossa carapaça. Mas a planta precisa enfrentar mil e um perigos. E nem todas as plantas atingirão o estágio em que poderão florescer em milhares de flores... Poucos seres humanos atingem o segundo estágio e, desses, muito poucos atingem o terceiro, o estágio da flor. Por que não podem atingir o estágio da flor? Por causa da ganância, por causa da avareza, não estão prontos para dividir... Por causa de um estado de desamor.

É preciso coragem para se tornar uma planta, e é necessário amor para se tornar uma flor. Uma flor significa que a árvore está abrindo seu coração, liberando seu perfume, oferecendo sua alma, vertendo seu ser na existência. Não continue sendo

> apenas uma semente. Reúna coragem; coragem
> para deixar para trás o ego, coragem para deixar
> para trás sua segurança, coragem para se tornar
> vulnerável.

Um grande rei tinha três filhos e queria escolher um para ser seu sucessor. Era muito difícil, pois os três eram muito inteligentes, muito corajosos. Qual deles escolher? Então ele perguntou a um grande sábio, e o sábio lhe deu uma ideia...

O rei foi para seu palácio e pediu aos três filhos que se reunissem. Deu a cada um deles um saco de sementes de flores e disse a eles que estava partindo em peregrinação. "Levará alguns anos, talvez dois ou três, talvez até mais. Esse é um teste para vocês. Vocês terão que devolver essas sementes quando eu voltar. Aquele que as proteger melhor será meu sucessor". E partiu.

O primeiro filho trancou as sementes num cofre de ferro, pois, quando o pai voltasse, poderia devolvê-las no mesmo estado.

O segundo filho pensou: "Se eu trancá-las, as sementes vão morrer. Meu pai pode dizer que nos deu sementes vivas, que poderiam crescer, e que agora estão mortas e não podem mais dar flores". Então foi ao mercado, vendeu as sementes e guardou o dinheiro. Pensou: "Quando meu pai retornar, vou ao mercado, compro novas sementes e dou a ele sementes melhores que as primeiras".

O terceiro, contudo, encontrou a melhor solução. Voltou ao jardim e espalhou as sementes em vários lugares. Três anos depois, quando o pai retornou, o primeiro filho abriu o cofre. As sementes estavam mortas, apodrecidas. O pai lhe perguntou: "O que é isso? Foram estas as sementes que lhe dei? Elas podiam florescer e liberar doces aromas, mas suas sementes estão fétidas. Essas não são as minhas sementes!".

Ele foi procurar o segundo filho, que correu até o mercado, comprou novas sementes, voltou para casa e disse, "Aqui estão as suas sementes". O pai lhe respondeu: "Você se saiu melhor do que o seu irmão, mas não foi tão bom quanto eu esperava".

Então foi procurar o terceiro filho. Ele tinha grandes esperanças, mas também medo: "O que ele terá feito?". E o terceiro filho levou-o ao jardim, onde havia milhares de arbustos florescendo, flores por toda parte. E o filho disse, "Aqui estão as sementes que você me deu. Em breve irei colher sementes e as devolverei a você".

O pai disse então: "Você é o meu sucessor. É assim que se deve proceder com sementes. Elas devem ser plantadas".

50 COMPAIXÃO

Jesus e os Vendilhões do Templo

As pessoas vêm até mim e perguntam: "O que é certo e o que é errado?". Eu digo: "Consciência é certo e inconsciência é errado". Não rotulo as ações como certas ou erradas. Não digo que a violência é errada. Algumas vezes a violência pode ser certa. Não digo que o amor é certo. Algumas vezes o amor pode ser errado. O amor pode ser dirigido à pessoa errada, pode ter motivos errados. Uma pessoa diz que ama sua nação. Isso é errado, pois o nacionalismo é uma praga. Outra pessoa diz que ama sua religião. Essa pessoa pode matar, assassinar, incendiar os templos de outras pessoas. O amor nem sempre está certo, e a raiva nem sempre está errada.

Então o que é certo e o que é errado? Para mim, a consciência é o certo. Se você estiver com raiva, mas em total consciência, até a raiva estará certa. E, se você estiver amando sem consciência, mesmo o amor estará errado. Assim, deixe que a qualidade da consciência esteja presente

> em todos os seus atos, em cada pensamento, em cada sonho que você tem. Deixe que a qualidade da consciência penetre cada vez mais em seu ser. Banhe-se na qualidade da consciência. Então qualquer coisa que você fizer será uma virtude. Então qualquer coisa que você fizer será uma bênção para você e para o mundo em que vive.

Deixe-me lembrá-lo de uma situação que ocorreu durante a vida de Jesus. Ele pegou um chicote e entrou no grande templo de Jerusalém. Um chicote nas mãos de Jesus? Era isso que Buda queria dizer quando falou: "Uma mão sem feridas pode levar até veneno". Sim, Jesus pode usar um chicote, não há problema nisso, pois o chicote não tomará conta dele. Ele permanece alerta, tamanha é sua consciência.

O grande templo de Jerusalém havia se tornado um abrigo de ladrões. Havia mercadores dentro do templo que estavam explorando todo o país. Jesus entrou sozinho no templo e revirou as bancas de mercadorias, jogou todas as mercadorias no chão e criou tamanha balbúrdia que os mercadores fugiram do templo. Eles eram muitos e Jesus estava sozinho, mas ele estava a tal ponto tomado de fúria que causava medo!

Ora, isso se tornou um problema para os cristãos: como explicar os atos de Jesus? Porque todo o esforço dos cristãos tem sido para provar que Jesus é como uma pomba, um símbolo da paz. Como ele poderia usar um chicote? Como poderia estar tão furioso, tão enraivecido, a ponto de revirar as bancas dos mercadores e expulsá-los do templo? E ele deveria estar furioso, do contrário teria sido dominado, pois estava sozinho. Sua energia deveria estar tempestuosa, os outros não podiam enfrentá-lo. Os sacerdotes e os mercadores fugiram gritando, "Esse homem é louco!".

Os cristãos evitam essa história. Mas não há por que a evitar se você compreender seu sentido: Jesus é tão inocente! Ele não é a raiva, ele é a compaixão. Ele não é violência ou destruição, ele é amor. O chicote em suas mãos é o chicote nas mãos do amor, da compaixão.

Um homem de consciência age com a sua consciência, e por isso não há arrependimento: sua ação é plena. E uma das belezas de uma ação plena é que ela não cria um karma, não cria nada. Na verdade, não deixa nenhuma marca em você. É como escrever na água: antes mesmo que você tenha terminado... o que foi escrito já se foi. Não é nem como escrever na areia, pois essa escrita pode permanecer por algumas horas, se o vento não soprar – é como escrever na água.

Se você conseguir ficar completamente alerta, não haverá problemas. Você pode levar até veneno; e o veneno irá servir como remédio. Nas mãos de um sábio, o veneno se torna um remédio. Nas mãos de um tolo, até mesmo um remédio, até mesmo um néctar, vai se tornar veneno. Se você agir partindo da inocência – não do conhecimento, mas da inocência de uma criança –, então jamais poderá gerar qualquer mal, porque não deixará marcas. Você permanecerá livre para agir. Viverá plenamente, e nenhuma ação pesará sobre você.

51 ADEUS AO PASSADO

Deixe que os Mortos Enterrem seus Mortos

> Crie coragem, pois a jornada já começou. Mesmo que você volte, não encontrará a mesma paisagem outra vez. Mesmo que volte, os velhos brinquedos de nada servirão, você já não terá o que fazer com eles, pois saberá que são brinquedos. Agora aquilo que é real deve ser encontrado, deve ser buscado. E não está muito longe: está dentro de você.

Um homem que vive de acordo com o passado certamente vai encontrar tédio, falta de sentido e uma espécie de angústia: "O que estou fazendo aqui? Por que continuo a viver? O que há no amanhã? Outra repetição do dia de hoje? E tudo que houve hoje foi uma repetição de ontem". Então qual é o sentido? Por que ficar se arrastando do berço até a sepultura, cumprindo a mesma rotina?

Isso pode ser bom para búfalos ou asnos, porque eles não têm uma memória do passado, não têm nenhuma ideia do futuro. Eles não ficam entediados, porque é necessário uma certa consciência para que haja tédio. Essa consciência percebe que você já fez isso antes, que está fazendo de novo e que fará mais uma vez amanhã, porque você não sai do passado, não deixa que ele morra, você o mantém vivo. Esse é o dilema que todos encontram na vida, e a única solução é deixar o passado morrer.

Há uma linda história na vida de Jesus. Ele chegou a um lago, cedo pela manhã, antes que o sol nascesse. Um pescador ia jogar sua rede no lago, quando Jesus colocou a mão no ombro do pescador e disse, "Durante quanto tempo você vai fazer a mesma coisa, todos os dias, de manhã, à tarde e à noite... apenas pescar? Você acha que isso é tudo que existe na vida?".

O pescador respondeu, "Nunca tinha pensado nisso, mas, como você fez a pergunta, entendo o que diz: deve haver algo mais na vida".

Jesus então falou, "Se vier comigo, eu lhe ensinarei como pescar homens, em vez de peixes". O homem olhou nos olhos de Jesus. Havia tanta profundidade, tanta sinceridade, tanto amor, que não era possível duvidar daquele homem. Havia um silêncio tão grande a seu redor que não era possível dizer não a ele. O pescador atirou sua rede na água e seguiu Jesus.

Quando eles estavam prestes a deixar a cidade, um homem veio correndo e disse ao pescador: "Seu pai, que estava doente há dias, morreu. Volte para casa!".

O pescador pediu a Jesus, "Dê-me apenas três dias, para que eu possa cumprir os últimos rituais que um filho deve realizar quando o pai morre".

Jesus respondeu ao pescador – e essa é a frase da qual eu gostaria que vocês se lembrassem: "Deixe que os mortos enterrem seus mortos. Você vem comigo".

O que ele quis dizer? "Toda a cidade está repleta de pessoas mortas. Elas vão enterrar o corpo do seu pai. Você não é necessário, você vem comigo".

A cada momento algo está morrendo. Não seja um colecionador de antiguidades: deixe para trás tudo aquilo que está morto. Continue com sua vida, com sua plenitude e intensidade, e nunca irá se defrontar com nenhum dilema, nenhum problema.

52 ARREPENDIMENTO

Quando Shibli Atirou a Rosa

Se você fez algo errado, vá falar com a pessoa a quem você ofendeu. Seja humilde, peça seu perdão. Apenas essa pessoa poderá perdoá-lo, ninguém mais. E lembre-se de que esse é o significado da palavra "pecado": esquecimento. A partir de agora, não se esqueça mais, não volte a cometer o mesmo erro, pois do contrário seu pedido de desculpas perde o sentido. A partir de agora seja mais cuidadoso, fique alerta, seja mais consciente. Lembre-se de não repetir os mesmos erros: você deve decidir isso dentro de você e então estará de fato arrependido.

O arrependimento pode se tornar um fenômeno muito, muito profundo se você compreender a responsabilidade. Nesse caso, mesmo uma pequena coisa, se ela se tornar um arrependimento – não apenas verbal, não apenas na superfície; se ela entrar fundo dentro de você, se você se arrepender lá no fundo, se todo o seu ser se agitar,

> tremer e gritar, e lágrimas rolarem, não somente dos seus olhos, mas de cada célula do seu corpo, então o arrependimento pode se tornar uma transfiguração.

A primeira vez que o nome de Shibli tornou-se conhecido foi quando Mansur al-Hillaj estava sendo assassinado. Muitas pessoas já foram assassinadas no passado por outras pessoas que se diziam religiosas – Jesus foi assassinado –, mas nunca houve um assassinato como o que ocorreu com al-Hillaj. Primeiro cortaram suas pernas – ele ainda estava vivo –, depois suas mãos. Então sua língua foi cortada e seus olhos foram arrancados – e ele continuava vivo. Ele foi cortado em pedaços. E qual foi o crime que Mansur cometeu? Ele disse: "*An'al Hak*", que significa "eu sou a Verdade, eu sou Deus". Todos os videntes dos *Upanishads* declaram isso, "*Alam Brahmasmi*" – eu sou Brahma, o Ser Supremo". Mas os maometanos não podiam tolerar isso.

Mansur é um dos grandes sufis. Quando começaram a cortar suas mãos, ele olhou para o céu, rezou para Deus e disse, "Você não pode me enganar! Posso vê-lo presente em cada uma dessas pessoas aqui. Você está tentando me enganar? Veio como o assassino, como o inimigo? Não importa, eu lhe digo, qualquer que seja a forma em que você venha, eu o reconheço – porque o reconheci dentro de mim mesmo. Agora já não é possível me enganar".

Shibli era um companheiro, um amigo de al-Hillaj. As pessoas estavam jogando pedras e lama em sinal de despeito, mas Shibli permanecia ali. Mansur ria e sorria. Subitamente, ele começou a chorar, porque Shibli havia jogado uma rosa para ele. Alguém perguntou: "Qual é seu problema? Quando jogam pedras, você ri – ficou maluco? E Shibli lhe atirou apenas uma rosa, por que está chorando?".

Mansur respondeu, "As pessoas que estão jogando pedras não sabem o que fazem, mas Shibli sabe. Para ele será difícil obter o perdão de Deus. Os outros serão perdoados porque estão agindo em total ignorância, não podem agir de outro modo. Em sua cegueira, isso é tudo que podem fazer. Mas Shibli é um homem que sabe. Por isso estou chorando por ele. É o único homem aqui que está cometendo um pecado".

O que Mansur falou mudou a vida de Shibli completamente. Ele jogou fora o Alcorão, as escrituras e disse, "Eles nem mesmo puderam me fazer entender isto: todo conhecimento é inútil. Agora irei procurar o conhecimento correto". E, mais tarde, quando lhe perguntaram por que havia atirado a flor, Shibli respondeu: "Tive medo da multidão. Se não jogasse nada, poderiam pensar que eu pertencia ao grupo de Mansur. Poderiam se tornar violentos comigo também. Joguei a flor, era apenas uma solução temporária. Mansur estava certo, ele chorou por meu medo, pela minha covardia. Chorou porque eu compactuei com a multidão".

Mas Shibli entendeu, e o choro de Mansur tornou-se uma transformação.

53 BRINCADEIRA

O Desafio de Krishna a Arjuna

Sua mente brinca infinitamente – tudo é como um sonho num cômodo vazio. Ao meditar, você deve olhar para a mente e vê-la fazendo suas travessuras, como uma criança brincando e saltitando pelo puro excesso de energia. É só isso: pensamentos pulando, saltitando, brincando, apenas uma brincadeira, você não deve levar isso a sério. Mesmo se houver algum pensamento ruim, não se sinta culpado. Ou, se houver um grande pensamento, um pensamento muito bom – se você desejar servir à humanidade e transformar o mundo inteiro, trazer o paraíso para a terra –, não deixe que seu ego seja tomado por ele, não pense que você se tornou grandioso. É apenas sua mente brincando. Algumas vezes ela sucumbe, outras ela se eleva, nada mais que energia em excesso tomando muitas formas e faces.

A dimensão da brincadeira deve ser estendida a toda sua vida. Seja o que for que esteja fazendo, esteja presente nessa atividade tão completamente que seu objetivo se torne irrelevante. O objetivo será atingido, tem que ser, mas não deve estar presente em sua mente. Você está brincando, se divertindo.

Foi isso que Krishna quis dizer – durante o Mahabharata, a grande guerra cujas crônicas estão no Gita –, quando ele falou a seu discípulo Arjuna que deixasse o futuro nas mãos do divino: "O resultado de sua atividade está nas mãos do divino, você simplesmente faz". Esse "simples fazer" se torna uma brincadeira. Foi por isso que Arjuna teve dificuldade em compreender, quando ele diz que, se é apenas uma brincadeira, então por que matar, por que lutar? Mas toda a vida de Krishna é somente uma brincadeira, você não encontrará outro homem que tenha sido tão pouco sério. Toda sua vida é uma brincadeira, um jogo, uma peça. Ele está aproveitando tudo intensamente, mas não está preocupado com o resultado. O que acontece é irrelevante.

É difícil para Arjuna entender Krishna, porque Arjuna é uma pessoa calculista, que pensa no resultado final. No início do Gita, ele diz, "Tudo isso me parece absurdo. Em ambos os lados meus amigos e parentes estão prontos para lutar. Não importa quem vença, será uma perda porque minha família, meus parentes, meus amigos terão sido destruídos. Mesmo que eu vença, de nada valerá, pois para quem irei mostrar minha vitória? As vitórias fazem sentido porque os amigos e parentes poderão desfrutá-las. Mas, se não houver ninguém, será uma vitória sobre corpos mortos. Quem irá apreciá-la? Quem irá dizer 'Arjuna, seus feitos foram grandiosos'? Então não importa se eu vencer ou for derrotado, me parece absurdo. Não há sentido nisso". Ele deseja renunciar. Ele é absolutamente sério, e qualquer um que seja calculista será tão sério quanto ele. O que ocorre no Gita é algo singular. A guerra é a mais séria das coisas. Não se pode brincar a respeito dela, porque há vidas em jogo, milhões de vidas em jogo, e não há como brincar com isso. Ainda assim, Krishna insiste que é preciso ser brincalhão. Não sobre o que irá acontecer no final, apenas esteja aqui e agora. Seja apenas um guerreiro, brincando. Não se preocupe com o resultado, porque ele está nas mãos do divino. E não se trata nem mesmo de questionar se o resultado está nas mãos do divino ou não – a questão é que não deve estar nas suas mãos, o peso não deve recair sobre você. Se você carregar esse peso, então não poderá viver em meditação.

54 Foco

Saraha e a Arqueira

A mente é tão astuta que pode se ocultar sob as vestes do seu próprio oposto. A indulgência pode se tornar ascetismo, o materialismo pode se tornar espiritualidade e algo deste mundo pode se tornar algo do outro mundo. Mas a mente é a mente – quer você seja a favor do mundo ou contra o mundo, você permanece enjaulado na mente. A favor ou contra, ambos são parte da mente.

Quando a mente desaparece, ela desaparece numa consciência sem escolhas. Quando você para de escolher, quando você não é nem a favor nem contra, isso é parar no meio. Uma escolha leva à esquerda, a um extremo. A outra leva à direita, que é o outro extremo. Se você não escolher, ficará exatamente no meio. Isso é relaxamento, isso é descanso. Você não faz mais escolhas, não tem obsessões, e nesse estado de consciência, sem escolhas nem obsessões, surge uma inteligência que estava adormecida no mais profundo de seu ser. Você se torna uma luz em si mesmo.

Saraha, o fundador do tantra, era filho de um brâmane muito culto, que pertencia à corte do rei Mahapala. O rei estava disposto a dar em casamento sua própria filha para Saraha, mas ele desejava renunciar a tudo, pois queria se tornar um *sannyasin*. O rei tentou persuadi-lo – Saraha era um jovem muito belo e inteligente. Mas ele foi persistente e tiveram que lhe conceder a permissão, então Saraha tornou-se discípulo de Sri Kirti.

A primeira coisa que Sri Kirti lhe disse foi: "Esqueça todos os seus Vedas e tudo que você aprendeu, todas essas coisas sem sentido". Era muito difícil, mas ele estava disposto a arriscar tudo. Os anos se passaram e, aos poucos, ele apagou tudo aquilo que sabia. Tornou-se um grande praticante de meditação.

Um dia, enquanto Saraha meditava, subitamente teve uma visão: havia uma mulher no mercado que iria se tornar sua verdadeira mestre. Ele foi até o mercado. Viu a mulher, uma jovem, muito vivaz, radiante e cheia de vida, cortando a haste de uma flecha, sem olhar para a esquerda nem para a direita, completamente concentrada em fazer a flecha. Ele imediatamente sentiu algo extraordinário na presença dessa moça, algo que ele nunca antes havia encontrado. Algo muito fresco e algo que vinha da própria fonte. Quando a flecha ficou pronta, a mulher fechou um dos olhos, mantendo o outro aberto, e ficou na postura de arqueiro, mirando um alvo invisível.

E algo ocorreu, algo como uma comunhão. Saraha nunca havia sentido algo assim antes. Naquele momento, o significado espiritual do que ela estava fazendo tornou-se claro para ele. Não olhava nem para a esquerda nem para a direita, olhava apenas para o centro.

Pela primeira vez ele entendeu o que Buda quer dizer com ficar no meio: evitar o eixo. Você pode se mover da esquerda para a direita, da direita para a esquerda, mas será como um pêndulo em movimento. Estar no meio significa que o pêndulo permanece ali, nem para a esquerda, nem para a direita. Então o relógio para, o mundo para. Não há mais tempo... então há o estado do não tempo.

Ele ouviu Sri Kirti falar sobre isso muitas vezes; havia lido a respeito, havia ponderado, contemplado o assunto. Havia até mesmo discutido com outros a respeito, dizendo que estar no meio era a coisa certa. Pela primeira vez ele viu isso em ação: a mulher não estava olhando para a direita nem para a esquerda... apenas olhando para o meio, focada no meio.

O meio é o ponto a partir do qual a transcendência acontece.

Pense sobre isso, contemple o assunto, veja isso em ação na vida.

55 SEXO

O Círculo de Mahamudra

O sexo guarda consigo grandes segredos, e o primeiro segredo é – se você meditar verá isso – que a felicidade vem porque o sexo desaparece. E, sempre que você estiver naquele momento de felicidade, o tempo também desaparece – se você meditar sobre isso –, e a mente também desaparece. E essas são as qualidades da meditação.

Minha própria observação é que o primeiro lampejo da meditação no mundo deve vir por meio do sexo, não há outra forma possível. A meditação deve ter entrado na vida por meio do sexo, pois esse é o fenômeno mais meditativo. Se você o entender, se você for fundo nele, se não o usar apenas como uma droga. Então, aos poucos, lentamente, à medida que a compreensão cresce, o anseio desaparece, e chega um dia de grande liberdade em que o sexo não é mais uma obsessão. Então você se torna silencioso, tranquilo, absolutamente você mesmo. A necessidade do outro

> desapareceu. Ainda é possível fazer amor se quiser, mas não há mais necessidade. Então será uma espécie de compartilhamento.

Quando dois amantes estão num profundo orgasmo sexual, fundem-se um no outro. Então a mulher não é mais a mulher, o homem não é mais o homem. Eles se tornam algo similar ao círculo do yin-yang, alcançando um ao outro, encontrando-se dentro do outro, dissolvendo-se, esquecendo a própria identidade. É por isso que o amor é tão bonito. Esse estado é chamado mudra; o estado de profunda penetração orgástica é chamado de mudra. E o estágio final do orgasmo com o todo é chamado de Mahamudra, o grande orgasmo.

O orgasmo é um estado no qual seu corpo não é mais sentido como matéria. Ele vibra como energia, eletricidade. Vibra tão profundamente, partindo de sua própria fundação, que você se esquece completamente que é algo material. Torna-se um fenômeno elétrico – e é um fenômeno elétrico. Agora os físicos dizem que a matéria não existe, que toda matéria é apenas aparência e, lá no fundo, o que existe é energia, e não matéria. No orgasmo, você atinge essa camada mais profunda do seu corpo, na qual a matéria não mais existe, apenas ondas de energia, e você se torna uma forma de energia dançando, vibrando. Não haverá mais limites para você – pulsando, mas imaterial. E quem você ama também estará pulsando.

E, pouco a pouco, se os parceiros se amam e se entregam um ao outro, eles se entregam a esse momento de pulsação, de vibração, de ser apenas energia, e não têm medo.

Porque é uma experiência similar à morte, essa de perder os limites do corpo. Quando o corpo se torna algo vaporoso, quando a substância do corpo se evapora e só resta energia, um ritmo muito sutil, mas você se percebe como se não existisse mais. Apenas dentro de um amor profundo alguém pode entrar nesse estado. O amor é como a morte: você morre no que se refere a sua imagem material, você morre em relação a se pensar como um corpo. Você morre como um corpo e evolui como energia, energia vital.

E, quando a mulher e o marido, ou os amantes, ou os parceiros, começam a vibrar em um certo ritmo, seus corações e seus corpos se juntam num mesmo ritmo, cria-se uma harmonia e há um orgasmo. Eles não são mais dois. Esse é o símbolo do yin e yang; o yin se movendo dentro do yang, o yang se movendo dentro do yin, o homem se movendo dentro da mulher, a mulher movendo-se dentro do homem. Agora formam um círculo e vibram juntos, pulsam juntos. Seus corações não estão mais separados, seus batimentos não estão mais separados: tornam-se uma melodia, uma harmonia. É a música mais fantástica possível. Todas as outras músicas parecem desinteressantes em comparação.

A vibração de duas pessoas em uníssono é o orgasmo. Quando a mesma coisa acontece, não com outra pessoa, mas com toda a existência, então é Mahamudra, então é o grande orgasmo.

56 DEVOÇÃO

A Dança do Templo de Meera

A devoção é uma forma de se unir e se fundir com a existência. Não é uma peregrinação. Significa apenas perder todos os limites que separam você da existência. É uma relação amorosa.

O amor é a união com um indivíduo, uma intimidade profunda entre dois corações, tão profunda que os dois corações começam a dançar na mesma harmonia. Ainda que os corações sejam dois, há uma única harmonia, uma única música, uma única dança. Assim como falamos do amor entre duas pessoas, falamos da devoção entre um indivíduo e toda a existência. Ele dança nas águas do oceano, ele dança nas árvores que dançam ao sol, ele dança com as estrelas. Seu coração responde à fragrância das flores, à canção dos pássaros, aos silêncios da noite.

A devoção é a morte da personalidade. Por sua própria vontade, você abandona aquilo que é mortal em você. Resta apenas o imortal, o eterno,

> aquilo que não morre jamais. E aquilo que não morre não pode ser separado da existência – que também não morre, está sempre indo, não conhece início nem fim.
>
> A devoção é a maior forma de amor.

Jesus disse uma vez: "Deus é amor". Se isso tivesse sido escrito por uma mulher, ela teria dito: "O amor é Deus". Deus deve ser secundário, é uma hipótese mental. Mas o amor é uma realidade que pulsa em cada coração.

Encontramos pessoas como Meera... Mas só mulheres muito corajosas seriam capazes de se libertar de um sistema social repressivo. Ela conseguiu fazer isso, pois era uma rainha, ainda que sua família tenha tentado matá-la porque ela dançava nas ruas. A família não podia tolerar isso. Sobretudo na Índia, onde as mulheres são tão oprimidas. E uma mulher tão bela quanto Meera, dançando nas ruas e cantando...

Havia um templo em Vrindavan, onde Krishna havia morado. Construíram um grande templo em sua memória e, nesse templo, não podiam entrar mulheres. Elas só podiam ficar do lado de fora, no máximo tocar as escadas do templo. Nunca haviam visto a estátua de Krishna que ficava lá dentro, pois o sacerdote era muito inflexível. Quando Meera veio, o sacerdote ficou preocupado que ela entrasse no templo.

Dois homens, com espada à mostra, foram colocados na frente do portão para impedir que Meera entrasse. Mas, quando ela veio – e pessoas assim são raras, uma brisa tão perfumada, uma dança tão bela, uma canção que traduz em palavras aquilo que não pode ser pronunciado –, esses dois homens se esqueceram do que estavam fazendo ali, e Meera entrou dançando no templo. Era a hora em que o sacerdote rezava para Krishna. Seu prato, cheio de flores, caiu no chão quando ele a viu.

Ele ficou furioso e disse a ela: "Você quebrou uma regra de centenas de anos". Ela respondeu: "Que regra?".

O sacerdote falou, "Nenhuma mulher pode entrar aqui".

E vejam a resposta... Isso é coragem. Meera disse, "Então como você entrou aqui? A não ser por um único – aquele que é o supremo, o bem-amado –, todos os outros são mulheres. Você acredita que há dois homens no mundo: você e o supremo? Não diga bobagem!". Ela certamente tinha razão. Uma mulher de grande coração olha para a existência como olha para o amado. E a existência é isso mesmo.

57 INTELIGÊNCIA

Rabia e o Enigma da Agulha Perdida

> Nascemos para ser felizes, esse é nosso direito inato. Mas as pessoas são tão tolas que nem mesmo reivindicam seu direito nato. Estão mais interessadas no que os outros possuem e começam a correr atrás dessas coisas. Elas nunca olham para dentro, nunca buscam em casa.
>
> A pessoa inteligente começará sua busca a partir do seu eu interior – essa será a sua primeira exploração, porque, se eu não sei o que eu tenho aqui dentro, como vou olhar para o mundo? Trata-se de um mundo muito grande. Aqueles que olharam para dentro encontraram isso instantaneamente, imediatamente. Não é um progresso gradual; é algo repentino. Uma súbita iluminação.

Eu ouvi falar de uma grande mística sufi, Rabia al-Adawia.

Uma noite, as pessoas a encontraram sentada no meio da rua, procurando alguma coisa. Era uma mulher idosa, seus olhos eram fracos e ela mal podia enxergar. Então, os vizinhos vieram ajudá-la.

Eles perguntaram: "O que você está procurando?".

Rabia respondeu, "Essa pergunta é irrelevante; estou simplesmente procurando. Se vocês podem me ajudar, me ajudem".

Eles riram e disseram, "Rabia, você está louca? Você diz que nossa pergunta é irrelevante, mas, se não soubermos o que está procurando, como poderemos ajudar?". Rabia disse, "Ok. Só para satisfazer sua curiosidade, vou dizer que estou procurando minha agulha; eu perdi minha agulha". Eles começaram a ajudá-la, mas rapidamente perceberam que a rua era larga e a agulha era uma coisa muito pequena.

Portanto, eles falaram a Rabia: "Por favor, diga-nos onde você a perdeu, o lugar preciso, exato. Do contrário será muito difícil. A rua é muito grande e podemos ficar procurando para sempre. Onde você a perdeu?".

"Novamente você me faz uma questão irrelevante", disse Rabia. "O que isso tem a ver com a minha busca?". Eles pararam e disseram, "Agora temos a certeza de que você está louca!".

Rabia disse, "Tudo bem. Só para satisfazer sua curiosidade, vou dizer que perdi na minha casa". "Então por que está procurando aqui?", perguntaram.

E relata-se que Rabia respondeu: "Porque aqui tem luz, lá dentro não. O sol estava se pondo e ainda havia um pouco de luz na rua".

Essa parábola é muito significativa. Alguma vez você já se perguntou o que está procurando? Você alguma vez já fez uma meditação profunda para saber o que está procurando? Não. Mesmo em alguns momentos, os momentos oníricos, você tem uma intuição do que está procurando, ela nunca é muito precisa, nunca é exata. Você não definiu ainda. Se tentou definir, quanto mais definido isso estiver, menos necessidade vai sentir de procurar. A busca só pode continuar num estado de indefinição, num estado onírico. Quando as coisas não são claras, você apenas continua buscando. Impulsionado por algum impulso interno, impulsionado por alguma compulsão interna, uma coisa você sabe: precisa empreender essa busca. É uma necessidade interior. Mas você não sabe o que está procurando.

E, a menos que você saiba o que está procurando, como pode encontrar? É algo vago – você pensa que é dinheiro, poder, prestígio, respeitabilidade.

Mas então você vê pessoas que são respeitáveis, pessoas que são poderosas, pessoas – elas também estão em busca. Então você vê pessoas extremamente ricas e elas também estão nessa busca. Até o fim da vida, elas buscam. Portanto, a riqueza não vai ser útil, o poder não vai ajudar. A busca continua, apesar do que você tem.

A busca precisa ser por algo mais. Esses nomes, esses rótulos – dinheiro, poder, prestígio – são apenas para satisfazer a mente. Eles são apenas para ajudar você a sentir que está procurando alguma coisa. Isso é algo que ainda não está definido, é uma sensação vaga.

A primeira coisa para o buscador real, para o buscador que está um pouco alerta, consciente, é a definição da busca; formular um conceito claro dela, do que ela é; tirá-la da consciência onírica; olhá-la de frente. Imediatamente se inicia uma transformação. Se você começar a definir a sua busca, começará a perder seu interesse nela. Quanto mais você defini-la, menor será seu interesse. Depois que souber claramente o que ela é, de repente ela desaparece. Ela existe apenas quando você não está atento.

Deixe-me repetir: a busca só existe quando você está dormindo; a busca só existe quando você não está consciente. A inconsciência cria a busca.

Sim, Rabia está certa. Do lado de dentro, não há luz. E como não há luz nem consciência interiormente, é claro que você continua buscando do lado de fora, porque fora tudo parece mais claro.

Nossos sentidos são todos extrovertidos. Os olhos se abrem para o exterior, as mãos se movem, se estendem para fora, as pernas se movimentam para fora, os ouvidos ouvem os ruídos, os sons externos. Tudo o que está disponível para você está se abrindo para o exterior; todos os cinco sentidos funcionam de modo extrovertido. Você começa buscando onde você vê, sente, toca – a luz dos sentidos incide do lado de fora. E o buscador está dentro.

Essa dicotomia deve ser compreendida. O buscador é interior, mas, como a luz está fora, o buscador entra em ação movido pela ambição, tentando encontrar algo que o preencha.

Isso nunca vai acontecer. Nunca aconteceu. Não acontece na natureza das coisas, porque, a menos que você busque o buscador, sua busca toda fica sem sentido. A menos que você passe a conhecer quem você é, tudo o que você busca é futilidade, pois você não conhece o buscador.

Sem conhecer o buscador, como você pode avançar para a dimensão certa, para a direção certa? É impossível. Primeiro é preciso considerar o que vem em primeiro lugar.

Se toda busca se interrompesse e de repente você percebesse que agora só existe uma coisa a se conhecer – "Quem é esse buscador de mim? Que energia é essa que quer buscar? Quem eu sou?" –, então ocorreria uma transformação. Todos os valores mudariam de repente. Você começaria a se voltar para dentro.

Então Rabia não está mais na rua à procura de uma agulha que se perdeu em algum lugar na escuridão da sua própria alma interior. Depois que você começa a se voltar para dentro... No início é muito escuro; Rabia está certa. É muito, muito escuro, porque durante muitas vidas você nunca esteve do lado de dentro; seus olhos estão focados no mundo exterior.

Já reparou? Às vezes, quando você chega em casa vindo da rua, quando o dia está muito ensolarado, muito brilhante... quando de repente você entra em casa está muito escuro, porque os olhos estão acostumados com a luz exterior. Quando há muita luz, as pupilas se contraem. Na escuridão, os olhos têm de relaxar. Mas, se você se senta por um tempinho do lado de dentro, pouco a pouco as trevas desaparecem. Há mais luz, seus olhos vão se adaptando.

Durante muitas vidas, você ficou do lado de fora, no sol quente, no mundo; por isso, quando se volta para dentro, você está completamente esquecido de como reajustar os olhos. A meditação é simplesmente um reajustamento da sua visão, dos seus olhos. E, se você continuar olhando para dentro – leva tempo –, gradativamente, lentamente, você começará a sentir uma bela luz ali dentro. Mas não é uma luz agressiva, não é como o sol; ela está mais para a lua. Ela não é muito clara, não é ofuscante; é muito fria, não é quente. É muito compassiva, muito reconfortante, um bálsamo.

Pouco a pouco, quando você se ajustar à luz interior, verá que você é a própria fonte. O buscador é o que é buscado. Então você verá que o tesouro está dentro de você e todo o problema é que você estava procurando por ele lá fora. Você estava buscando esse tesouro em algum lugar do lado de fora, e ele sempre esteve dentro de você. Você estava olhando na direção errada, só isso.

58 O FAZER

Confie em Alá, mas Amarre seu Camelo Primeiro

Acontece todos os dias: você poderia ter feito alguma coisa, mas não fez e está usando a desculpa de que, se Deus quisesse, Ele faria ele mesmo. Ou então você faz algo e espera pelo resultado, fica esperando, mas o resultado nunca chega. Então você fica zangado, como se tivesse sido trapaceado, como se Deus o houvesse traído, como se ele estivesse contra você, sendo parcial, preconceituoso, injusto. E então surge uma grande reclamação em sua mente. Nessa hora, falta confiança.

A pessoa religiosa é alguém que faz tudo que é humanamente possível, mas não cria nenhuma tensão por causa disso. Como somos átomos muito, muito pequenos, ínfimos, neste universo, as coisas são muito complicadas.

Nada depende apenas da minha ação; há milhares de energias se entrecruzando. A soma dessas

> energias irá determinar o resultado. Como eu poderia determinar o resultado? Mas, se eu nada fizer, pode ser que as coisas nunca mais sejam as mesmas. Tenho que agir, mas, ao mesmo tempo, tenho que aprender a não ter expectativas. Então o fazer torna-se uma espécie de oração, sem nenhum desejo de qual tenha que ser o resultado. Assim não há frustração. A confiança irá ajudá-lo a permanecer livre de frustrações, e "amarrar meu camelo" vai ajudá-lo a se manter vivo, imensamente vivo.

Esse ditado sufi deseja criar o terceiro tipo de homem, o verdadeiro homem: aquele que sabe como fazer e como não fazer; que pode ser um realizador quando necessário, pode dizer "Sim!", e que pode ser passivo quando necessário e dizer "Não". Aquele que está absolutamente acordado durante o dia e absolutamente adormecido durante a noite. Aquele que conhece o equilíbrio da vida.

"Confie em Alá, mas amarre seu camelo primeiro." Esse ditado vem de uma breve história.

Um mestre estava viajando com um dos seus discípulos. O discípulo estava encarregado de cuidar do camelo. À noite, chegaram cansados a um abrigo de caravanas, a um *caravanserai*. Era tarefa do discípulo amarrar o camelo, mas ele não fez isso, deixou o camelo solto do lado de fora. Em vez disso, simplesmente rezou. Disse a Deus: "Cuide do camelo" e foi dormir.

Pela manhã, o camelo tinha ido embora. Tinha sido roubado ou apenas seguido seu caminho. O mestre perguntou: "O que aconteceu com o camelo? Onde ele está?".

E o discípulo respondeu: "Eu não sei. É preciso perguntar a Deus, pois eu disse a Alá que tomasse conta do camelo, eu estava muito cansado, então não sei. Também não sou responsável, porque eu disse a ele, e de forma muito clara! Não havia como não compreender. Na verdade, eu não disse apenas uma vez, mas três vezes. E você nos ensinou a confiar em Alá, então eu confiei. Por isso não me lance esse olhar de raiva".

O mestre falou, "Confie em Alá, mas amarre seu camelo primeiro, porque Alá não tem outras mãos a não ser as suas".

Se ele quiser amarrar o camelo, terá que usar as mãos de alguém. Ele não tem outras. E o camelo é seu! A melhor maneira, e a mais fácil, é usar as suas mãos. Confie em Alá – não confie apenas nas suas mãos, pois do contrário você ficará tenso.

Amarre o camelo e então confie em Alá. Você perguntará: "Então por que confiar em Alá se estou amarrando o camelo?". Porque mesmo um camelo amarrado pode ser roubado. Faça o que puder fazer, mas isso não garante o resultado, não há garantias. Então faça o que puder e aceite o que acontecer. Esse é o sentido de amarrar o camelo: faça o que for possível, não fuja de suas responsabilidades e, se nada acontecer ou se algo der errado, confie em Alá. Então ele saberá o que fazer. Então talvez seja correto que continuemos a viajar sem o camelo.

É muito fácil confiar em Alá e ser preguiçoso. É muito fácil não confiar em Alá e ser um realizador. O terceiro tipo de homem é o mais difícil: aquele que confia em Alá e ainda assim continua a ser um realizador. Mas nesse momento você é apenas um instrumento: Deus é aquele que verdadeiramente faz, você é um instrumento nas mãos Dele.

59 A JORNADA

"Mesmo Que Mil Vezes Tenha Quebrado Seus Votos..."

> Tristeza, sofrimento e infelicidade – tudo tem que ser encarado sem muita seriedade, porque, quanto mais você levá-los a sério, mais difícil será se livrar desses sentimentos. Quanto menos sério você for, mais fácil será passar pelo sofrimento, pelos períodos de escuridão, cantando uma canção. E, se é possível passar por esses períodos cantarolando e dançando, então por que se torturar sem necessidade? Torne essa jornada apenas um assunto para dar boas risadas.

Há uma bela frase de Mevlana Jalaluddin Rumi, um dos maiores mestres sufis de todos os tempos. Ele disse:

Venha quem quer que seja;
Errante, religioso, amante do conhecimento...

Não importa. Não é de desespero nossa caravana.
Venha, mesmo que mil vezes
Tenha quebrado seus votos.
Venha, venha e mais uma vez venha.

Lembre-se desta bela frase: "Não é de desespero nossa caravana". Também posso dizer isto. Não é de desespero nossa caravana, é de celebração da vida. As pessoas se tornam religiosas para fugir da infelicidade, e aquele que se torna religioso por causa da infelicidade que sente está se tornando religioso pelas razões erradas. E, se algo já começa errado, o fim não pode dar certo.

Torne-se religioso por causa da alegria, por causa da experiência da beleza que está ao seu redor, por causa do enorme presente que Deus lhe deu: a vida. Torne-se religioso por gratidão. Seus templos, suas igrejas, suas mesquitas e *gurudwaras* estão cheios de pessoas infelizes. Elas transformaram também seus templos num inferno. Estão lá porque estão em agonia. Elas não conhecem Deus, não têm interesse em Deus. Não estão preocupadas com a verdade, não há questionamento. Estão lá apenas para serem consoladas, confortadas. Então procuram qualquer um que possa dar a elas crenças fáceis com as quais possam remendar suas vidas, esconder suas feridas, cobrir sua infelicidade. Estão lá à procura de uma falsa satisfação.

A nossa caravana não é de desespero. É um templo de alegria, de canções, de música, de criatividade, de amor e vida.

Não importa. Você pode ter quebrado todas as regras de conduta ou de moralidade. Na verdade, qualquer um que tenha um pouco de coragem quebrará essas regras.

Concordo com Jalaluddin Rumi, quando ele diz, "Venha, mesmo que mil vezes tenha quebrado seus votos".

As pessoas inteligentes vão quebrar todos os seus votos muitas vezes, porque a vida está sempre mudando, as situações mudam. E qualquer voto é feito sob pressão – talvez o medo do inferno, a ganância pelo paraíso, o desejo de conquistar o respeito da sociedade... Os votos não vêm do núcleo mais profundo do seu ser. Se algo vem do seu próprio ser interior, nunca se quebra. Mas então não serão votos, será um fenômeno simples, como respirar.

Venha, venha e mais uma vez venha.

Todos são bem-vindos, sem qualquer condição. Você não precisa preencher nenhum pré-requisito. Chegou a hora em que é necessária uma grande rebelião contra todas as religiões estabelecidas. A religiosidade é necessária no mundo, mas não precisamos de novas religiões – chega de hindus, cristãos, mulçumanos –, só pessoas puramente religiosas, pessoas que tenham grande respeito por si mesmas.

60 O Riso

A Última Surpresa do Místico Chinês

> O riso é eterno, a vida é eterna, a celebração continua. Os atores mudam, mas a peça continua. As ondas se sucedem, mas o oceano continua. Você ri, você muda – e outra pessoa ri –, mas o riso prossegue. Você celebra, alguém mais celebra, mas a celebração continua. A existência é contínua, é um *continuum*. Não há um único momento em que ela se interrompe. Nenhuma morte é a morte, porque cada morte abre uma nova porta, então é um começo. Não há fim para a vida, há sempre um novo começo, uma ressurreição.
>
> Se você trocar sua tristeza por celebração, então também será capaz de trocar a morte por ressurreição. Aprenda essa arte enquanto há tempo.

Ouvi falar de três místicos chineses. Ninguém sabe o nome deles hoje em dia, e nunca ninguém soube quais eram. Eles eram conhecidos apenas como "os

Três Santos Risonhos", porque nunca faziam nada além disto: eles riam.

Essas três pessoas eram realmente belas; quando riam, a barriga dos três balançava. Era contagioso, pois os outros também começavam a rir. Todos na praça do mercado começavam a rir. Poucos momentos antes era um lugar feio, onde as pessoas só pensavam em dinheiro, mas subitamente esses três loucos chegavam e mudavam a atmosfera de todo o mercado. Agora todos haviam esquecido que tinham ido comprar e vender. Ninguém estava mais cheio de ganância. Durante alguns segundos, um novo mundo se abria.

Eles viajavam por toda a China, indo de cidade em cidade, apenas para fazerem as pessoas rirem. Pessoas tristes, pessoas irritadas, gananciosas, invejosas, todas começavam a rir com eles. E muitos encontravam a chave: você pode se transformar.

Contudo, quando estavam num vilarejo, um dos três morreu. As pessoas do vilarejo se reuniram e disseram: "Isso criou um problema. Agora vamos ver como eles fazem para continuar rindo. O amigo deles morreu, eles têm que chorar". Mas, quando chegaram, os dois estavam dançando, rindo e celebrando a morte. As pessoas disseram: "Isso já é demais! Quando um homem morre, é profano rir e dançar". Os dois responderam: "Durante toda a vida rimos com ele. Como podemos lhe dar o último adeus de modo diferente? Temos que rir, temos que nos divertir, temos que celebrar. Esse é o único adeus possível para um homem que riu durante toda a vida. Não podemos pensar nele como alguém morto. Como o riso pode morrer, como a vida pode morrer?".

Depois o corpo tinha de ser cremado, e as pessoas do vilarejo disseram: "Vamos lhe dar um banho, como prescreve o ritual". Mas os dois amigos responderam: "Não, nosso amigo disse, 'Não executem ritual, não troquem minhas roupas e não me deem banho. Apenas me coloquem como estou na pira funerária'. Portanto, precisamos seguir as instruções dele".

Então, subitamente, houve um grande acontecimento. Quando o corpo foi colocado na pira acesa, viram que aquele velho homem havia pregado em todos uma última peça. Havia escondido muitos fogos sob as roupas e houve um festival pirotécnico! Então todo o vilarejo começou a rir. Os dois amigos loucos estavam dançando, e logo todos estavam dançando também. Não era morte, era uma nova vida.

SOBRE OSHO

Osho desafia categorizações. Suas milhares de palestras abrangem desde a busca individual por significado até os problemas sociais e políticos mais urgentes que a sociedade enfrenta hoje. Seus livros não são escritos, mas transcrições de gravações em áudio e vídeo de palestras proferidas de improviso a plateias de várias partes do mundo. Em suas próprias palavras, "Lembrem-se: nada do que eu digo é só para você... Falo também para as gerações futuras".

Osho foi descrito por *The Sunday Times*, de Londres, como um dos "mil criadores do século XX" e pelo autor americano Tom Robbins como "o homem mais perigoso desde Jesus Cristo". O jornal *Sunday Mid-Day*, da Índia, elegeu Osho – ao lado de Buda, Gandhi e o primeiro-ministro Nehru – como uma das dez pessoas que mudaram o destino da Índia.

Sobre sua própria obra, Osho afirmou que está ajudando a criar as condições para o nascimento de um novo tipo de ser humano. Muitas vezes, ele caracterizou esse novo ser humano como "Zorba, o Buda" – capaz tanto de desfrutar os prazeres da terra, como Zorba, o Grego, como de desfrutar a silenciosa serenidade, como Gautama, o Buda.

Como um fio de ligação percorrendo todos os aspectos das palestras e meditações de Osho, há uma visão que engloba tanto a sabedoria perene de todas as eras passadas quanto o enorme potencial da ciência e da tecnologia de hoje (e de amanhã).

Osho é conhecido por sua revolucionária contribuição à ciência da transformação interior, com uma abordagem de meditação que leva em conta o ritmo acelerado da vida contemporânea. Suas singulares meditações ativas OSHO têm por objetivo, antes de tudo, aliviar as tensões acumuladas no corpo e na mente, o que facilita a experiência da serenidade e do relaxamento, livre de pensamentos, na vida diária.

Dois trabalhos autobiográficos do autor estão disponíveis:

Autobiografia de um Místico Espiritualmente Incorreto, publicado por esta mesma Editora.
Glimpses of a Golden Childhood (Vislumbres de uma Infância Dourada).

OSHO International Meditation Resort

Localização

Localizado a cerca de 160 quilômetros a sudeste de Mumbai, na florescente e moderna cidade de Puna, Índia, o **OSHO** International Meditation Resort é um destino de férias diferente. Estende-se por 28 acres de jardins espetaculares numa bela área residencial cercada de árvores.

OSHO Meditações

Uma agenda completa de meditações diárias para todo tipo de pessoa, segundo métodos tanto tradicionais quanto revolucionários, particularmente as Meditações Ativas OSHO®. As meditações acontecem no Auditório OSHO, sem dúvida o maior espaço de meditação do mundo.

OSHO Multiversity

Sessões individuais, cursos e *workshops* que abrangem desde artes criativas até tratamentos holísticos de saúde, transformação pessoal, relacionamentos e mudança de vida, meditação transformadora do cotidiano e do trabalho, ciências esotéricas e abordagem "Zen" voltada aos esportes e à recreação. O segredo do sucesso da OSHO Multiversity reside no fato de que todos os seus programas se combinam com a meditação, amparando o conceito de que nós, como seres humanos, somos muito mais que a soma de nossas partes.

OSHO Basho Spa

O luxuoso Basho Spa oferece, para o lazer, piscina ao ar livre rodeada de árvores e plantas tropicais. Jacuzzi elegante e espaçosa, saunas, academia, quadras de tênis... tudo isso enriquecido por uma paisagem maravilhosa.

Cozinha

Vários restaurantes com deliciosos pratos ocidentais, asiáticos e indianos (vegetarianos) – a maioria com itens orgânicos produzidos especialmente para o Resort **OSHO** de Meditação. Pães e bolos são assados na própria padaria do centro.

Vida noturna

Há inúmeros eventos à escolha – com a dança no topo da lista! Outras atividades: meditação ao luar, sob as estrelas, shows variados, música ao vivo e meditações para a vida diária. Você pode também frequentar o Plaza Café ou gozar a tranquilidade da noite passeando pelos jardins desse ambiente de contos de fadas.

Lojas

Você pode adquirir seus produtos de primeira necessidade e toalete na Galeria. A **OSHO** Multimedia Gallery vende uma ampla variedade de produtos de mídia **OSHO**. Há também um banco, uma agência de viagens e um Cyber Café no *campus*. Para quem gosta de compras, Puna atende a todos os gostos, desde produtos tradicionais e étnicos da Índia até redes de lojas internacionais.

Acomodações

Você pode se hospedar nos quartos elegantes da **OSHO** Guesthouse ou, para estadias mais longas, no próprio *campus*, escolhendo um dos pacotes do programa **OSHO** Living-In. Há, além disso, nas imediações, inúmeros hotéis e *flats*.

http://www.osho.com/meditationresort
http://www.osho.com/guesthouse
http://www.osho.com/livingin

Para mais informações:
http://www.osho.com

Um *site* abrangente, disponível em vários idiomas, que disponibiliza uma revista, os livros de Osho, palestras em áudio e vídeo, **OSHO** biblioteca *on-line* e informações extensivas sobre o **OSHO** Meditação. Você também encontrará o calendário de programas da **OSHO** Multiversity e informações sobre o **OSHO** International Meditation Resort.

Websites:
http://OSHO.com/AllAboutOSHO
http://OSHO.com/Resort
http://OSHO.com/Shop
http://www.youtube.com/OSHOinternational
http://www.Twitter.com/OSHO
http://www.facebook.com/pages/OSHO.International

Para entrar em contato com a **OSHO** International Foundation:
http://www.osho.com/oshointernational
E-mail: oshointernational@oshointernational.com